EL TRABAJO SOCIAL ANTE LA CONDUCTA SUICIDA

Paula Frieiro

Rubén González-Rodríguez

1ª edición Santiago de Compostela 2024

Edición: Andavira Editora, S.L.
Maquetación e impresión: Tórculo Comunicación Gráfica, S. A.

Impreso en España · *Printed in Spain*

ISBN: 978-84-129758-2-6
DL: C 1923-2024

ÍNDICE

ÍNDICE DE TABLAS

ÍNDICE DE FIGURAS

INTRODUCCIÓN

La conducta suicida, que comprende tanto el suicidio como las ideaciones e intentos de suicidio, constituye un grave problema de salud pública. Esta conducta incluye una variedad de situaciones complejas, como la ideación suicida, la planificación, el intento de suicidio y el suicidio en sí. Por lo tanto, la atención al suicidio requiere abordar y prevenir todas las conductas relacionadas.

El suicidio representa un grave problema de salud pública a nivel mundial. La Organización Mundial de la Salud (OMS) ha declarado que reducir la mortalidad relacionada con el suicidio es una prioridad global. En esta línea la OMS ha advertido sobre el aumento de las tasas de suicidio y ha recomendado a las administraciones públicas que actúen al respecto. En relación a esto, entre los Objetivos de Desarrollo Sostenible fijados por las Naciones Unidas, concretamente en la meta 3.4.2, se establece que se ha de reducir en un tercio la mortalidad prematura por causa de suicidio.

Lo que acaba de ser indicado contrasta con el tabú que tradicionalmente ha rodeado a la conducta suicida. Las creencias culturales y morales sobre el suicidio, junto con visiones innecesariamente pesimistas sobre su tratamiento y prevención, constituyen barreras significativas. Estas barreras dificultan tanto la autorrevelación de pacientes como las indagaciones rutinarias del personal sanitario sobre pensamientos suicidas. Pese a esto cabe destacar que, en la última década, el suicidio ha recibido una atención creciente en la investigación y en las campañas de concienciación social, convirtiéndose en un foco de actuación prioritaria de la comunidad internacional de salud pública. A pesar de ello las muertes por suicidio siguen siendo frecuentes a nivel mundial. Además, ha de tenerse presente que cada muerte representa una tragedia individual y afecta indirectamente a muchas personas, incluidas familias, amistades y la propia comunidad.

El Trabajo Social a menudo se enfrenta a situaciones en las que la conducta suicida ha tenido un profundo impacto tanto a nivel individual como comunitario. Sin embargo, la perspectiva y la voz del Trabajo Social sobre el suicidio han estado notablemente ausentes en la literatura académica y profesional durante muchos años. Esta falta de representación de la disciplina ha sido preocupante, ya que las profesionales desempeñan un papel crucial en la prevención del suicidio, la intervención en crisis y el apoyo postsuicidio. Aunque es reseñable que, en la última década, el volumen de publicaciones sobre el estudio del suicidio en el Trabajo Social ha aumentado significativamente. No obstante, es alarmante la escasez de artículos que aborden la fenomenología y el desarrollo de intervenciones efectivas. Los estudios controlados representaron menos del 8% de las investigaciones, y muchos carecen de intervenciones replicables debido a la falta de descripción detallada, la baja especificidad en la medición de cambios y la ausencia de grupos de control o de muestras suficientemente grandes. Por tanto, es imperativo que la disciplina se involucre más activamente en la investigación y el debate sobre la conducta suicida, liderando el desarrollo de prácticas y políticas eficaces que den respuesta a la complejidad y a la urgencia de esta problemática.

Para mejorar la práctica, el Trabajo Social ha de comprender los patrones demográficos y las tendencias, reconociendo las diferencias socioculturales, como el aumento de las tasas de suicidio entre las personas jóvenes de los países occidentales. Por lo que las intervenciones preventivas tempranas con la adolescencia y juventud deben ser una parte integral de los esfuerzos de prevención del suicidio. Además, es crucial reducir el impacto de factores sociales y dinámicas interpersonales e intergrupales, como el trauma infantil o la violencia física. De igual manera, la evaluación del riesgo de suicidio debe centrarse en personas que experimentan estrés social significativo, como separaciones traumáticas, el traslado a residencias de mayores, el encarcelamiento o el desempleo prolongado. Asimismo, es importante incrementar el apoyo social y considerar el papel del estigma al trabajar con la conducta suicida, especialmente con personas en situación de exclusión social. Estos factores han de utilizarse para adoptar una visión macro, identificando y evaluando grupos socioeconómicos más susceptibles a la conducta suicida. Ya desde la Salud Pública se ha detectado desde hace décadas que los determinantes sociales tienen un peso fundamental, subsumiendo otros factores de salud como el sistema de salud, el estilo de vida y el medio ambiente. Esta perspectiva, aunque recurrentemente criticada por posiciones psiquiátricas conservadoras que defienden la cientificidad del fármaco y la disfunción neurofisiológica, es crucial para entender las formas de vida, la construcción de subjetividades y los factores sociales protectores y perjudiciales para la salud. Ignorar estos determinantes y la exclusiva medicalización o el sufrimiento social que podría desviar la atención de las causas estructurales del malestar, permitiendo que los intereses políticos y económicos prevalezcan en la gestión de la salud pública.

A pesar de su importancia, la posvención, entendida como el conjunto de acciones orientadas a brindar apoyo emocional y psicológico a las personas afectadas por un suicidio, como familiares, amigos o la comunidad, ha sido un área poco explorada en la investigación en Trabajo Social, con escasos estudios dedicados al tema. Esta falta de atención es especialmente preocupante, dado el impacto devastador del suicidio sobre familiares, amistades y comunidades. Es importante destacar que esta situación puede provocar en el entorno duelo prolongado, trastorno de estrés postraumático o síntomas depresivos. Existe además carencia de investigación en poblaciones susceptibles a la conducta suicida, como personas mayores, jóvenes o personas LGBTIQ+. Otra área de preocupación en la investigación del Trabajo Social es la adecuación y el desarrollo de herramientas de evaluación culturalmente específicas. Ha de destacarse además que la formación y la sensibilización son fundamentales para incrementar la utilización de medidas de evaluación de riesgos.

Pese a la mencionada carencia de investigación en suicidio por parte del Trabajo Social existe una responsabilidad importante ya que, a menudo, la disciplina es la primera en evaluar y trabajar con personas con problemas de salud mental, además de brindar apoyo a sus familias. A pesar de este papel crucial, existe preocupación sobre la preparación y formación del alumnado de Trabajo Social en España para llevar a cabo evaluaciones en salud general y, específicamente, en salud mental y conducta suicida. A este respecto un estudio reveló que, aunque casi todos los/as trabajadores/as sociales han trabajado con personas con riesgo de suicidio, el 79% no recibió capacitación en prevención del suicidio durante su formación en Trabajo Social. Dado el papel fundamental que el Trabajo Social puede desempeñar en la identificación y prevención del suicidio la falta de formación sobre conducta suicida es susceptible de mejora.

De manera conclusiva se puede afirmar que, para enfrentar eficazmente el suicidio, el Trabajo Social debe estar más involucrado en la investigación aplicada y en el desarrollo de programas de prevención, intervención y posvención. La colaboración interdisciplinaria y el fortalecimiento de las capacidades de investigación son fundamentales para mejorar las prácticas y políticas destinadas a prevenir el suicidio, así como para apoyar a las comunidades potencialmente afectadas.

APROXIMACIÓN HISTÓRICA A LA CONDUCTA SUICIDA

El cambio de actitudes hacia el suicidio es tan complejo y variable como los sistemas sociales y culturales en los que existe. Recientemente, ha surgido un renovado interés en abordar la conducta suicida, rompiendo el silencio en el que ha estado sumido el suicidio durante demasiado tiempo. Históricamente, este problema social y de salud pública ha sido relegado al ámbito de la moralidad, el pecado o incluso el delito. Sin embargo, aunque hablar del suicidio es una de las medidas más efectivas para controlarlo, no todas las formas de comunicación son adecuadas para este objetivo.

A menudo, el suicidio resulta de una interacción compleja de factores biológicos, psicológicos, socioeconómicos y culturales, que no pueden considerarse por separado. La idea del suicidio siempre ha estado llena de dudas y ambivalencias, lo que ha llevado a la coexistencia de diferentes percepciones y conceptualizaciones a lo largo del tiempo. Cabe mencionar que este texto se enfoca en el contexto europeo, debido a las grandes diferencias culturales identificadas en otros lugares, como las culturas asiáticas o árabes. Por lo que las comprensiones presentadas aquí no pueden extenderse a otras culturas con estructuras sociales, historias y sistemas diferentes que requerirían una reflexión específica.

La conceptualización y aproximación histórica del suicidio está caracterizada por cambios significativos que llevaron al desarrollo y establecimiento de su comprensión actual. Si nos remontamos al período clásico, el suicidio pasó de ser concebido como un crimen contra la sociedad y la naturaleza en la antigua Grecia y Roma, a ser considerado uno de los crímenes más graves contra Dios según el cristianismo. No obstante, estas comprensiones coexistieron con conceptualizaciones contrastantes, como las presentadas por los estoicos y ciertos autores latinos, que valoraban la individualidad y la libertad humana, vinculando el suicidio a esos ideales. Además, los primeros informes médicos sobre el suicidio, que relacionaban este acto con estados mentales alterados u otras condiciones médicas, surgieron junto con explicaciones sobrenaturales y datan también de la antigua Grecia. La interrelación de estas conceptualizaciones opuestas anticipa desarrollos ulteriores que ocurrieron entre la Edad Media y el siglo XVIII, cuando finalmente prevalecieron las explicaciones médicas del suicidio.

En este sentido, durante los siglos XVII y XVIII, la secularización del suicidio avanzó, reduciendo las explicaciones sobrenaturales y desarrollando un enfoque más científico y racional. De hecho, filósofos de la Ilustración como Hume y Beccaria defendieron la idea de que el suicidio era una elección racional, ligada a trastornos mentales y no a fuerzas sobrenaturales. Ya en el siglo XIX, con el auge del Romanticismo, el suicidio comenzó a ser idealizado y reflejado en la literatura, aunque Emile Durkheim desarrolló una teoría sociológica que lo vinculaba a la inclusión social y a las normas morales. Su enfoque estructural llevó a la comprensión de que el suicidio podía resultar de la disrupción en la inclusión social. Fue a partir del siglo XX, cuando la disciplina de la "suicidología" comenzó a estudiar el suicidio de manera más científica, destacando la influencia de factores socioeconómicos, tales como el desempleo y la crisis económica, en las tasas de suicidio. Estudios contemporáneos muestran que la protección, el bienestar social y las políticas de salud pública pueden reducir significativamente las tasas de suicidio, subrayando la necesidad de una comprensión integrada y multifactorial del fenómeno. Sin embargo, las comprensiones contemporáneas del suicidio están lejos de ser claras, pero sugieren una etiología multifactorial y dinámica, lo que indica la necesidad continua de investigación y adaptación de las estrategias de prevención.

MODELOS DOMINANTES DE LA CONDUCTA SUICIDA

Como se ha podido observar, la comprensión del suicidio ha evolucionado a lo largo de la historia. Inicialmente, el suicidio se consideraba un pecado y un crimen. No fue hasta el siglo XVIII cuando se produjo una medicalización y psiquiatrización del suicidio, y hasta el siglo XX cuando se comenzaron a considerar los factores sociales que mediaban en el mismo. A continuación, y para lograr una mayor comprensión del fenómeno, se presentan los modelos dominantes de la suicidalidad, que exploran diferentes enfoques para entender y abordar el suicidio, desde perspectivas históricas y médicas hasta enfoques sociales y biopsicosociales.

El **modelo médico de la suicidalidad** conceptualiza el suicidio como una patología individual que debe ser tratada con medicamentos o terapias. Según Thomas Szasz, este modelo se basa en tres creencias fundamentales: la enfermedad causa los actos no deseados, el paciente no tiene responsabilidad sobre sus actos o sentimientos, y la Psiquiatría llega a estar autorizada para tratar la enfermedad con o sin el permiso o autorización del paciente. Este enfoque surgió en el siglo XVIII junto con directrices que buscaban maximizar la vida de la población, recategorizando las ideaciones y actos suicidas como formas de locura.

En contraste con el modelo médico, el **modelo social de la suicidalidad** pone el énfasis en las patologías estructurales, sociales y políticas, que conducen al suicidio. Inspirado en el trabajo de Emile Durkheim, este modelo considera que la suicidalidad es el resultado de factores sistémicos de opresión, como el heterosexismo, el cisnormativismo, el capacitismo, el colonialismo y el capitalismo. Conforme a este modelo, activistas y académicos/as contemporáneos/as, como feministas, queer, trans, personas con discapacidad o los estudios de la locura, abogan por cambios sociopolíticos para erradicar las prácticas opresivas que puedan llegar a provocar la suicidalidad.

Más recientemente, ha surgido el **modelo biopsicosocial de la suicidalidad**, adoptado por profesionales de la salud. Este modelo, en el confluyen de algún modo características de los dos anteriormente identificados, está además presente en las directrices internacionales sobre prevención del suicidio. Este enfoque integrado considera la interacción entre factores biológicos, psicológicos, sociales, ambientales y culturales. Sin embargo, tampoco ha logrado suscitar un consenso unánime y algunas personas críticas al mismo señalan que tiende a despolitizar y biologizar el problema, minimizando la importancia de los factores estructurales.

En la actualidad, y en respuesta a la complejidad de la conducta suicida, algunos/as investigadores han desarrollado modelos integrados que combinan diversas variables en varias etapas que conducen al suicidio. Estos modelos se dividen en dos categorías principales: modelos predictivos y modelos teóricos. Los modelos predictivos utilizan análisis estadísticos para generar una puntuación de riesgo, ayudando a identificar a las personas con mayor probabilidad de suicidio. Por otro lado, los modelos teóricos buscan explicar cómo interactúan los diferentes factores de riesgo -psicológicos, biológicos, socioculturales y ambientales- y cómo esta interacción conduce al suicidio. La naturaleza compleja de la conducta suicida hace que estos modelos integrados sean especialmente adecuados para su estudio. Sin embargo, siguen existiendo importantes lagunas en la investigación sobre la suicidabilidad. Las teorías actuales a menudo se centran en un solo dominio, ignorando la interacción entre los diferentes factores. Además, es crucial explorar si la suicidabilidad sigue una trayectoria lineal, progresando de forma gradual desde la ideación hasta la planificación y los intentos, o si existen otras formas de evolución del riesgo suicida. Esta exploración es fundamental para mejorar nuestra comprensión y desarrollar intervenciones más efectivas.

A pesar de sus diferencias, estos modelos dominantes abordan la suicidalidad como un problema que debe ser tratado y apoyan campañas de prevención que presentan la conducta suicida como una opción a evitar ante el sufrimiento mental o social. Sin embargo, en su enfoque, estos modelos a menudo no reconocen plenamente la opresión y los desafíos que enfrentan las personas suicidas, lo que puede perpetuar inadvertidamente dicha opresión y silenciar sus voces. Dentro de la suicidología convencional, el suicidio se ha entendido como un fenómeno estático, individual y reconocible, fuertemente asociado con la psicopatología y los factores de riesgo individuales. Esta perspectiva asume que el suicidio es una entidad conocible con propiedades relativamente estables, lo que permite que sea explicado, documentado y eventualmente controlado. Sin embargo, esta visión también da por sentado que el sufrimiento debe ser soportado y no evitado. Estas suposiciones están profundamente integradas en la estructura de la suicidología contemporánea, justificando ciertos enfoques y prácticas en el campo. Tanto en el pasado, con estudios como los de Durkheim, como en la actualidad, con el marco de la OMS para la prevención del suicidio, estas suposiciones han moldeado la manera en que el suicidio es conocido y comprendido.

La agenda actual de prevención del suicidio está impulsada por un enfoque que considera el suicidio como una acción indeseable que no requiere interrogación sobre cómo este fenómeno ha sido construido a lo largo del tiempo. Esta perspectiva tiende a enmarcar el suicidio dentro de un marco biomédico o individualista, lo que conduce a soluciones limitadas que se centran en cambiar a la persona, sin tener en cuenta los contextos sociales, políticos y culturales que influyen en la vida de las personas. Esto ha provocado llamadas desde diferentes sectores, incluida la propia suicidología, para un cambio de paradigma que contemple un enfoque más crítico y comprensivo de la prevención del suicidio.

En respuesta a este modo de comprensión y atención, ha surgido el enfoque de la suicidología crítica, que no rechaza la ciencia o las prácticas basadas en evidencia, sino que propone paradigmas más amplios, dinámicos e innovadores que permitan una mayor diversidad de respuestas. Este enfoque invita a cuestionar constantemente la práctica y a reconocer que el conocimiento, la evidencia y las formas de ser son construcciones fluidas y contextuales. La suicidología crítica se centra en cómo el lenguaje, las relaciones de poder y los contextos sociales e históricos influyen en nuestra comprensión del suicidio y aboga por metodologías que desafíen la idealización de la neutralidad y la objetividad, reconociendo las complejas redes de poder y las influencias culturales en la investigación.

En la práctica, la suicidología crítica busca desafiar los límites de las conceptualizaciones psicocéntricas del sufrimiento y exponer cómo nuestra cultura terapéutica actual tiende a singularizar problemas estructurales, sociales y culturales, tratándolos como problemas individuales. En lugar de centrarse únicamente en intervenciones individuales, la suicidología crítica propone enfoques que consideren el suicidio dentro de un contexto sociopolítico más amplio, promoviendo la justicia social, el activismo y la creación de relaciones más equitativas y solidarias. Este enfoque ofrece una oportunidad para repensar la prevención del suicidio de manera que sea más activadora de la vida, creativa y orientada hacia la justicia.

CONCEPTUALIZACIÓN DE LA CONDUCTA SUICIDA

Los recientes avances en la comprensión de los factores de riesgo asociados al suicidio han permitido obtener una visión más amplia y detallada de la conducta suicida. La literatura sobre este tema ha crecido notablemente, aunque su interpretación puede resultar compleja debido a la consideración de diversas manifestaciones, como la ideación suicida, los intentos de suicidio y la consumación del suicidio. La OMS define el suicidio como "el acto deliberado de quitarse la vida", y diversas autorías lo han descrito desde múltiples perspectivas, señalando que no solo implica la decisión de terminar con la propia vida, y que es una conducta que resulta o depende de factores culturales e históricos que afectan al individuo.

Desde la Psicología, se ha establecido que el suicidio está generalmente vinculado a síntomas depresivos, aunque existen muchos otros potenciales factores de riesgo, incluyendo edad, género o antecedentes familiares, falta de apoyo social, nivel económico, situación laboral y eventos estresantes. Tanto la adolescencia como las personas adultas mayores son grupos con un riesgo elevado de suicidio, con una mayor incidencia entre los hombres. Émile Durkheim, en su obra *El Suicidio*, planteó que el suicidio debe entenderse como una tendencia social presente en las "sociedades suicidógenas", surgiendo como una respuesta a la desarmonía entre la estructura social y la conciencia cultural. Durkheim distingue entre el suicidio egoísta, que ocurre cuando la persona se siente desvinculado de la sociedad; el suicidio altruista, que sucede cuando la persona se sacrifica por un bien percibido para la comunidad; y el suicidio anómico, que surge en situaciones de desregulación social, donde las normas son confusas o ausentes.

Sobre la propia conducta suicida, esta puede observarse como un *continuum* que abarca desde la ideación suicida hasta el acto suicida consumado, pasando por la comunicación suicida y los intentos de suicidio. A medida que uno avanza en este *continuum*, la frecuencia de estos eventos disminuye, pero la gravedad y la probabilidad de muerte aumentan. Es importante destacar que no todas las personas siguen una secuencia estricta entre estos procesos, pudiendo coexistir varios de ellos simultáneamente y, por tanto, concurrencia de fases en el mismo momento temporal. La ideación suicida, que abarca cualquier pensamiento relacionado con la posibilidad de suicidio, es común en la adolescencia. Sin embargo, las ideas persistentes y elaboradas representan un riesgo mayor. Ha de destacarse que aproximadamente un tercio de la adolescencia que experimenta pensamientos suicidas realizan un intento de suicidio, y los intentos previos son un factor significativo para predecir futuros comportamientos suicidas.

Las comunicaciones suicidas, que incluyen tanto verbalizaciones como planes de suicidio, se encuentran en un punto intermedio entre la ideación y el intento de suicidio. Estas acciones pueden ser tanto verbales como no verbales y los planes implican la formulación de métodos específicos. Es esencial tener muy presente que las comunicaciones suicidas deben ser siempre tomadas en serio como señales de advertencia. Los intentos de suicidio, que son actos realizados con la intención de morir pero que no resultan en la muerte, son más frecuentes que los suicidios consumados, especialmente entre las personas jóvenes. Aunque la mayoría de las personas que sobreviven a un primer intento no repiten la tentativa, muchas muertes por suicidio ocurren en el primer intento, por lo que la detección temprana y las intervenciones estratégicas son esenciales.

A continuación, se presenta una aproximación conceptual general a la propia conducta suicida. Cabe destacar que, para discutir, investigar y tratar eficientemente, se requieren definiciones aceptadas de los comportamientos suicidas Para organizar estos términos de manera lógica y cronológica en el contexto del desarrollo y abordaje del suicidio, se ha establecido la siguiente secuencia en la tabla. Aunque, como se ha indicado, no siempre existe un desarrollo lineal, este orden refleja un flujo desde los factores que contribuyen al riesgo de suicidio, pasando por el pensamiento y la planificación del suicidio, la comunicación de estas ideas, el desarrollo de una crisis, la autolesión, el intento de suicidio y, finalmente, la conducta suicida.

Tabla 1. Aproximación conceptual a la conducta suicida

Concepto	Descripción general
Factores de riesgo suicida	Características o condiciones que pueden incrementar la probabilidad de que una persona intente suicidarse, como la depresión, el abuso de sustancias, o los antecedentes familiares de suicidio.
Factores protectores	Elementos que disminuyen la probabilidad de intento de suicidio, como el apoyo social, las habilidades de afrontamiento positivas y el acceso a recursos y a tratamientos de salud mental; o que contrastan elementos de riesgo.
Ideación suicida	Se produce cuando se contempla el suicidio sin realizar conductas asociadas ni mostrar una intención explícita de suicidio. Las ideaciones suicidas son indicadores tempranos importantes y pueden preceder a conductas autolesivas en fases posteriores.
Plan de suicidio	Estrategia o método específico concebido por una persona para ejecutar el acto suicida.
Comunicación relacionada con el suicidio	Acto que puede incluir preparativos y comunicación de pensamientos suicidas, como reunir materiales o escribir una nota. Se describe como un acto de transmitir intenciones suicidas, sin ser en sí mismo autolesivo.
Crisis suicida	Período de tiempo en el que una persona experimenta un aumento en la ideación suicida y el riesgo de intentar suicidarse.
Conducta autolesiva	Acciones de autolesión que no tienen la intención de causar la muerte, pero que pueden estar relacionadas con la ideación suicida.
Parasuicidio	Actos de autolesión o comportamientos suicidas no fatales en los que la persona no tiene la intención de causar su propia muerte. Estos actos pueden incluir intentos de suicidio en los que no hay una intención clara de morir, sino más bien una forma de expresar sufrimiento emocional.
Intento de suicidio	Acto no fatal de autolesión con la intención de terminar con la vida.
Conducta suicida	Incluye autolesión, intentos y suicidio consumado. Implica una lesión autoinfligida con intención explícita o implícita de daño. Los resultados se dividen en intento de suicidio sin daño (tipo 1) y con daño (tipo 2). Una tercera categoría incluye el propio suicidio.

De manera general, y como se ha reflejado, el proceso del suicidio se considera un continuo con diferentes grados de gravedad. Sobre esto diferentes personas autoras proponen una clasificación simplificada en tres tipos para abordar las distintas variables: Tipo I, sin intencionalidad suicida ni método propuesto para autolesión; Tipo II, con cierto grado de intencionalidad y lesiones; y Tipo III, con intencionalidad suicida clara. Pese a ello, y como se ha señalado previamente, es fundamental recordar que la conducta suicida no sigue siempre un curso lineal o continuo, por lo que no debe subestimarse ni descartarse la relevancia de los gestos suicidas, las autolesiones o los intentos previos de suicidio. Tal como se abordará en la sección sobre factores de riesgo, tanto las autolesiones como los intentos de suicidio previos constituyen los principales predictores de riesgo en la población general. Sin embargo, no siempre es posible identificar una relación causal, ni la presencia de factores de riesgo evidentes, ni manifestaciones explícitas, ya sean conductuales o verbales.

En la siguiente tabla, se pasa a presentar una aproximación de diferentes efectos relacionados con el suicidio. Para organizar estos términos de manera lógica se plasman los efectos negativos relacionados con la imitación y el impacto social del suicidio, pasando por factores sociales y psicológicos, y finalizando con efectos positivos y preventivos.

Tabla 2. Aproximación a los diferentes efectos vinculados con la conducta suicida

Concepto	Descripción general
Efecto Werther o efecto copycat	Se refiere al aumento de suicidios imitativos tras la cobertura mediática de un suicidio, especialmente cuando involucra a una figura pública o se presenta de manera sensacionalista. El término proviene de la novela "Las penas del joven Werther" de Goethe, que supuestamente inspiró una ola de suicidios entre los jóvenes de la época.
Efecto de Suicidio en Masa	Se refiere a los suicidios múltiples que ocurren en un período de tiempo relativamente corto dentro de una comunidad o grupo, a menudo influenciados por factores culturales, religiosos o de culto.
Efecto suicida anómico	Descrito por Émile Durkheim, se refiere al aumento de las tasas de suicidio durante períodos de grandes cambios sociales o económicos, cuando las normas sociales se desintegran y las personas sienten una falta de estructura o propósito.

Concepto	Descripción general
Efecto de subida de la esperanza	Contrario al efecto anómico, este fenómeno ocurre cuando una población experimenta una mejora en las condiciones de vida, pero algunos individuos aún no ven mejoras personales, lo que puede llevar a un aumento en las tasas de suicidio.
Efecto Papageno	El efecto Papageno indica que las noticias sobre conductas suicidas que se presentan siguiendo ciertas pautas pueden tener un efecto preventivo, reduciendo el número de muertes por suicidio. El término proviene de un personaje de "La flauta mágica" de Mozart, quien contempla el suicidio, pero finalmente opta por vivir tras ser persuadido.

Tal y como se ha adelantado, el suicidio es un gran desafío para la salud global. Más allá de su devastador impacto humano, el comportamiento suicida también llega a suponer una carga económica significativa. A diferencia de otros problemas de salud pública, las tasas de mortalidad y morbilidad asociadas con el suicidio no han disminuido en las últimas décadas, en gran parte debido a la falta de predictores precisos, lo que dificulta su pronóstico y prevención. A continuación, se presenta una enumeración detallada sobre la problemática del suicidio a nivel mundial y su dimensionamiento, indicando aspectos como la prevalencia anual, los intentos de suicidio, causa de muerte en jóvenes, las diferencias de género, la incidencia por grupos de edad, la distribución geográfica o la relación con la atención médica previa. Estos datos se estiman fundamentales para llegar a comprender la magnitud y las características de este fenómeno.

- Numerosos estudios han abordado la etiopatogenia del suicidio desde perspectivas epidemiológicas, socioculturales, ambientales, psicológicas y neurobiológicas. Aunque se han identificado varios factores asociados, ninguno ha demostrado ser lo suficientemente fuerte para predecir el comportamiento suicida de manera efectiva por sí solo.
- En cuanto al número de suicidios a nivel mundial, cada año se suicidan cerca de 703.000 personas.
- Según datos de la OMS, la Organización Panamericana de la Salud (OPS) y el Centro de Control de enfermedades (CDC), ocurre una muerte por suicidio cada 40 segundos y un intento

de suicidio cada 3 segundos. Esto significa, por ejemplo, que el suicidio causa más muertes que los conflictos armados.

- Las estimaciones precisas de las tasas globales de suicidio son difíciles de obtener ya que solo el 35% de los estados miembros de la OMS tienen registros vitales completos con al menos cinco años de datos.
- En cuanto a los intentos de suicidio, por cada suicidio consumado hay muchas tentativas de suicidio. En la población general, un intento de suicidio no consumado es el factor individual de riesgo más importante. Según la OMS, por cada muerte por suicidio, aproximadamente 20 personas intentan suicidarse. La proporción de intentos de suicidio varía según el país y depende de la letalidad de los métodos utilizados.
- El suicidio es la principal causa de muerte entre jóvenes de 15 a 29 años.
- Aproximadamente un tercio de los adolescentes con ideación suicida intentarán suicidarse dentro de un año.
- Las tasas de intentos de suicidio son generalmente más altas en mujeres, aunque las tasas de suicidio son 2-3 veces más altas en hombres.
- Si atendemos a la variable edad, en muchos países la incidencia de intentos de suicidio es más alta en personas de 18 a 34 años. No obstante, las tasas más altas de muerte por suicidio se dan en personas mayores de 70 años.
- En cuanto a la distribución geográfica, el 77% de los suicidios se produce en los países de ingresos bajos y medianos.
- La variabilidad entre países en las tasas de suicidio está influenciada por la disponibilidad y las preferencias culturales por métodos de alta letalidad. Por ejemplo, en los países de ingresos altos, los fármacos utilizados, como analgésicos y medicamentos psicotrópicos, suelen ser menos tóxicos que los pesticidas, de mayor letalidad y que son de uso común en los países de ingresos bajos.
- Los preceptos religiosos contra el comportamiento suicida, o los niveles de abuso de alcohol y drogas también contribuyen a las diferencias globales en las tasas de suicidio. A modo de ejemplo,

el abuso de alcohol puede explicar la alta incidencia de suicidio en Europa del Este.

- Aproximadamente el 45% de las personas que mueren por suicidio consultan a un/a médico/a de atención primaria dentro del mes anterior a su muerte.
- La inconsistencia en el registro de suicidios por parte de forenses y la aceptabilidad cultural o religiosa del suicidio pueden afectar a la notificación y el registro.
- La conducta suicida tiene un fuerte impacto en el entorno más cercano de la persona, afectando significativamente a familiares, convivientes y personas allegadas.

Ante lo mencionado, y de acuerdo a las evidencias que reportan estos datos, el suicidio y la conducta suicida siguen siendo un desafío clínico y social significativo, y la comprensión del riesgo de suicidio sigue evolucionando con nuevas evidencias en los campos epidemiológico, biológico, clínico, social y psicológico. La detección y tratamiento del suicidio han de ser áreas de investigación activa, incluyendo la evaluación para identificar pacientes de alto riesgo y la investigación y estrategias más efectivas. También es crucial investigar y diseñar políticas públicas para prevenir y tratar mejor a los grupos en riesgo, con el objetivo de reducir las tasas de suicidio a nivel global.

A medida que profundizamos en la comprensión del impacto del suicidio, es esencial abordar las experiencias de quienes están directa o indirectamente afectados por este fenómeno. En este contexto, surgen dos grupos clave cuya atención y apoyo resultan fundamentales en las estrategias de prevención y de intervención ante el suicidio. Por este motivo se presenta y se resalta la descripción general de sobrevivientes y supervivientes.

Tabla 3. Descripción general de sobrevivientes y supervivientes

Concepto	Descripción general
Sobrevivientes	Persona que ha intentado suicidarse y ha sobrevivido al intento, enfrentando las consecuencias físicas y socioemocionales de dicha experiencia.
Supervivientes	En el contexto del suicidio, personas que han perdido a un ser querido por suicidio y que atraviesan el proceso de duelo y adaptación a la pérdida.

Es importante tener en cuenta que la dificultad para determinar con precisión la conducta suicida ha representado un obstáculo significativo en los esfuerzos por estandarizar la nomenclatura relacionada con el suicidio. Esta falta de claridad en la identificación de la intencionalidad complica la categorización y el análisis de los distintos comportamientos, lo que a su vez dificulta el desarrollo de un lenguaje común y consistente en el ámbito de la investigación, la prevención y posvención del suicidio.

CONTEXTO Y PERSPECTIVAS

SUICIDIO EN EL CONTEXTO EUROPEO

El suicidio es un problema significativo en Europa, siendo una de las principales causas de muerte en muchos países de este contexto territorial. Según los datos más recientes de Eurostat, en 2020 hubo 47.252 muertes por suicidio en Europa, lo que representa aproximadamente el 0,9% de todas las muertes reportadas. Tal y como se ha indicado previamente, las tasas de suicidio son generalmente más altas en hombres que en mujeres, con un 77,1% de todas las muertes por suicidio correspondientes a hombres. Las tasas de suicidio varían considerablemente entre los países europeos, siendo más altas en los países del norte y este de Europa, y más bajas en el sur. En 2020, la tasa de suicidio en Europa fue de 10,2 por cada 100.000 habitantes. Lituania registró la tasa más alta con 21,29 suicidios por cada 100.000 habitantes, seguida de Hungría (17,09) y Eslovenia (17,06). En contraste, los países con las tasas más bajas fueron Grecia (4,03) y Malta (3,98). España se encuentra en una posición intermedia, con una tasa de 7,89 suicidios por cada 100.000 habitantes.

Figura 1. Tasa de suicidios en países de la Unión Europea (2020)

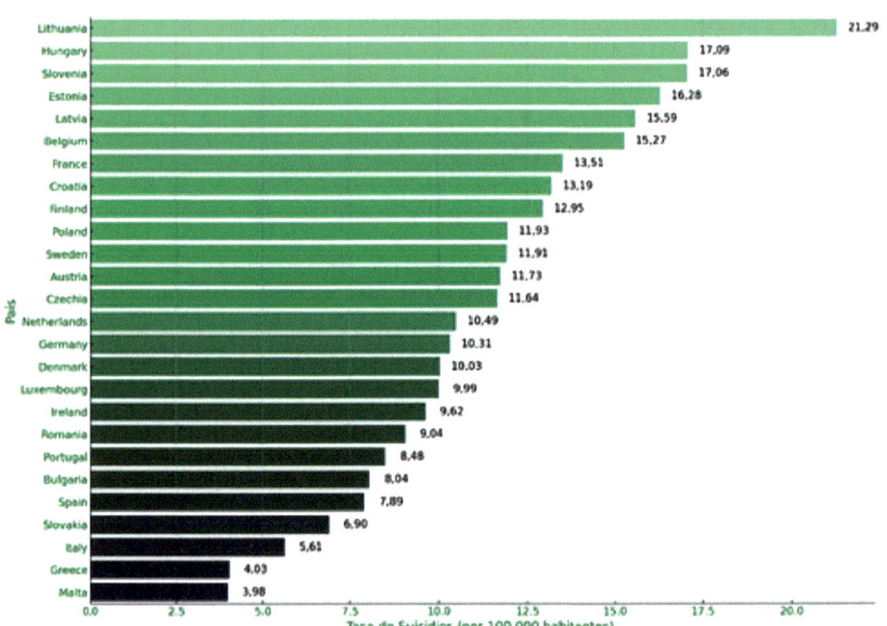

Cabe indicar que la evidencia científica ha demostrado que las políticas de bienestar social, como el aumento del salario mínimo y la regulación del acceso a armas de fuego y alcohol, pueden reducir las tasas de suicidio. Socialmente, los lazos sociales estrechos y la religiosidad pueden llegar a ser factores protectores, aunque el efecto puede variar según el género. Culturalmente, las definiciones de roles tradicionales, especialmente el rol masculino, influyen en la mayor prevalencia de suicidios en hombres. La investigación también ha identificado que los países con un menor nivel educativo general tienden a tener tasas de suicidio más altas.

Económicamente, el desempleo y la baja condición socioeconómica son fuertes predictores de suicidio. En Europa la crisis económica de 2008-2009 tuvo un impacto notable, aumentando las tasas de suicidio en varios países debido a la pérdida de empleos y la incertidumbre financiera. Además, la crisis económica ha mostrado tener un impacto directo en las tasas de suicidio, con aumentos en países afectados por recortes sociales y económicos, derivados de prácticas políticas de corte neoliberal. Por todo lo mencionado la reducción de la tasa de suicidio requiere un enfoque multidisciplinar, que combine políticas de bienestar social, educación y apoyo psicosocial.

CONDUCTA SUICIDA Y NECESIDADES EN EL CONTEXTO ESPAÑOL

En España, la prevalencia de la conducta suicida ha generado preocupación significativa debido al aumento constante de casos y a la falta de un plan nacional de prevención estructurado. Cabe destacar que, en 2022, se registraron 4.227 muertes por suicidio, un aumento del 5,6% respecto al año anterior . Esto convierte al suicidio en la principal causa de muerte externa en el territorio. Las cifras del Instituto Nacional de Estadística (INE), indican que el 75,2% de las personas que se suicidan son hombres (3.121 hombres frente a 1.101 mujeres). Es especialmente preocupante el incremento y tendencia al alza en el número de muertes por suicidios; en España en el año 2018 fueron de 3.539 y en el año 2022, como ya se ha indicado supusieron 4.227.

Figura 2. Muertes por suicidio en España (2018-2022)

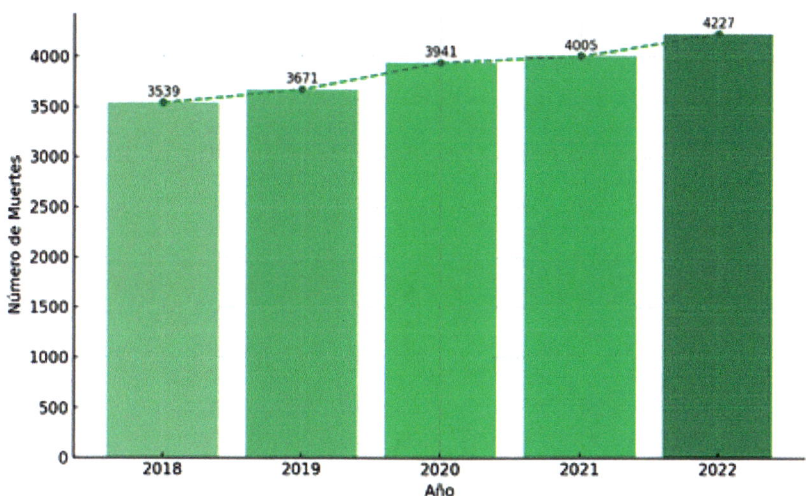

Más concretamente, y en cuanto a la prevalencia de la ideación suicida, los estudios epidemiológicos indican que aproximadamente el 4% de la población española ha experimentado alguna vez en su vida pensamientos suicidas. Un estudio de la Fundación ANAR revela que, entre 2012 y 2022, los casos de ideación suicida en menores de edad se han multiplicado por 23,7 y los intentos de suicidio por 25,9. Además, durante el año 2022, la línea de ayuda ANAR atendió 4.554 llamadas relacionadas con ideación o intentos de suicidio en jóvenes, un aumento significativo en comparación con años anteriores. La misma fundación indica que el uso de tecnologías ha incrementado su implicación en los intentos de suicidio, pasando del 33,5% al 51,5% entre 2019 y 2022.

A continuación, se presentan las tasas de mortalidad por suicidio respecto al año 2022 por cada 100,000 habitantes, desglosadas por comunidad autónoma en España. Se observa que hay variaciones significativas entre las diferentes regiones. La comunidad de Asturias presenta la tasa de suicidios más alta, con 12,53 suicidios por cada 100.000 habitantes, seguida de Galicia con 12,17 y Canarias con 10,59. Otras comunidades como Castilla y León y Cantabria también muestran tasas elevadas, con 10,17 y 10,05 respectivamente. En contraste, las comunidades con las tasas más bajas incluyen a Madrid, con 5,92 suicidios por cada 100.000 habitantes, Ceuta con 2,41 y Melilla con 1,17. Cataluña también presenta una tasa relativamente baja de 7,84. Estas diferencias subrayan la importancia de considerar factores regionales y contextuales al desarrollar estrategias de prevención del suicidio, ya que las variaciones entre comunidades pueden reflejar diversas condiciones socioeconómicas, culturales y de acceso a servicios de salud mental.

Figura 3. Tasa de suicidios por comunidades autónomas en España (2022)

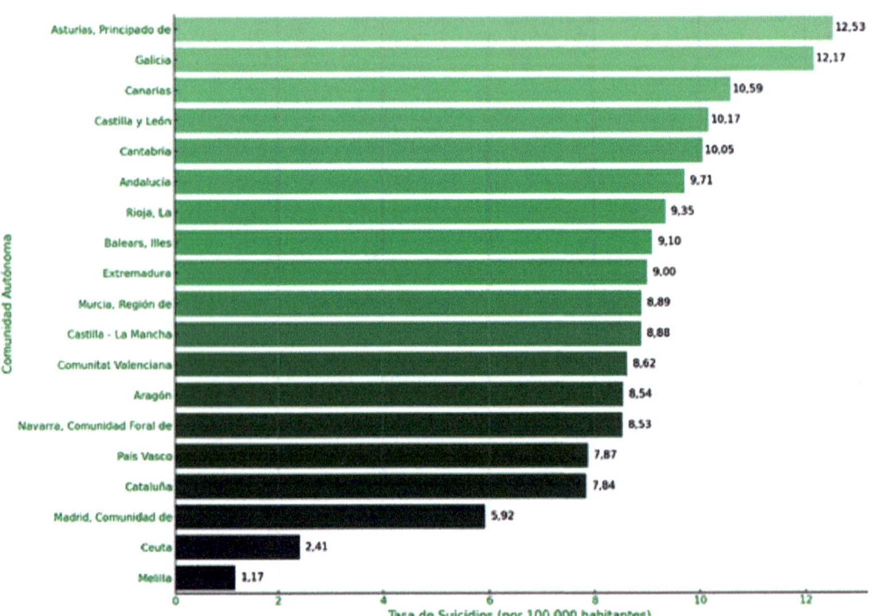

En el siguiente gráfico se pasa a mostrar la distribución de la tasa de suicidios en España en 2022, desglosada por género. Se observa que la tasa general es de 8,85 suicidios por cada 100.000 habitantes. Sin embargo, los hombres tienen una tasa significativamente más alta de 13,34, en comparación con las mujeres, cuya tasa es de 4,52. Esta disparidad destaca la mayor prevalencia de suicidios entre los hombres. La representación visual subraya la necesidad de enfoques específicos en la prevención del suicidio que consideren dichas diferencias, indicando que los hombres y la socialización de género requieren de una atención especial en las políticas de salud mental y conducta suicida.

Figura 4. Distribución de tasa de suicidio por género en España

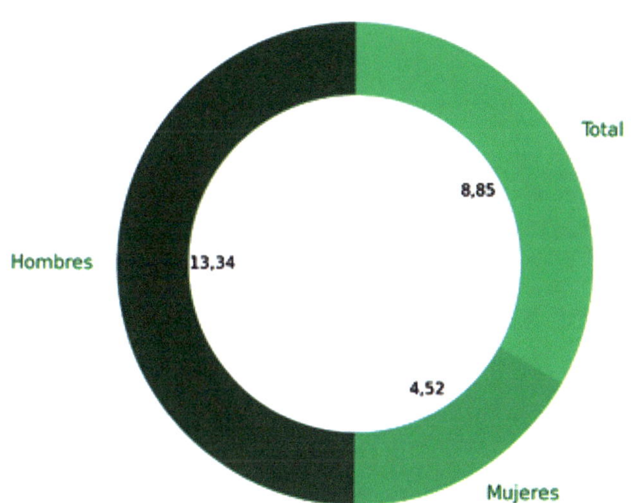

En el siguiente gráfico se muestra la distribución de la tasa de suicidios en España durante el año 2022, desglosada por diferentes categorías de edad. La tasa de suicidios es más baja entre los menores de 15 años (0,18 por cada 100.000 habitantes) y aumenta significativamente en las edades más avanzadas, alcanzando su punto máximo en el grupo de 90 a 94 años con 19,90 suicidios por cada 100.000 habitantes. Este gráfico resalta la variación de la tasa de suicidios a lo largo de las diferentes etapas de la vida, mostrando un incremento notable en los grupos de mayor edad.

En el año 2020 fue la primera vez que España alcanzó 14 suicidios de menores de 15 años (7 niños y 7 niñas), cifra que preocupa debido a que se duplicaron los casos de 2019. Como se ha destacado, la adolescencia es una etapa de riesgo, tal y como se evidencia en los datos que muestran un punto de inflexión significativo, ya que los suicidios aumentan de 0,18 en el grupo de menores de 15 años a 2,98 en el grupo de 15 a 19 años. La tasa sigue aumentando en los grupos de 20 a 24 años (5,33) y de 25 a 29 años (5,30). El análisis del siguiente gráfico proporciona información crucial para los esfuerzos de prevención del suicidio, sugiriendo que se necesitan estrategias específicas para los diferentes grupos de edad, especialmente para las personas mayores, donde la tasa de suicidios es más alta. Los datos también indican la necesidad de intervenciones tempranas para abordar los factores de riesgo en la adolescencia y la juventud.

Figura 5. Tasas de suicidio por edad en España

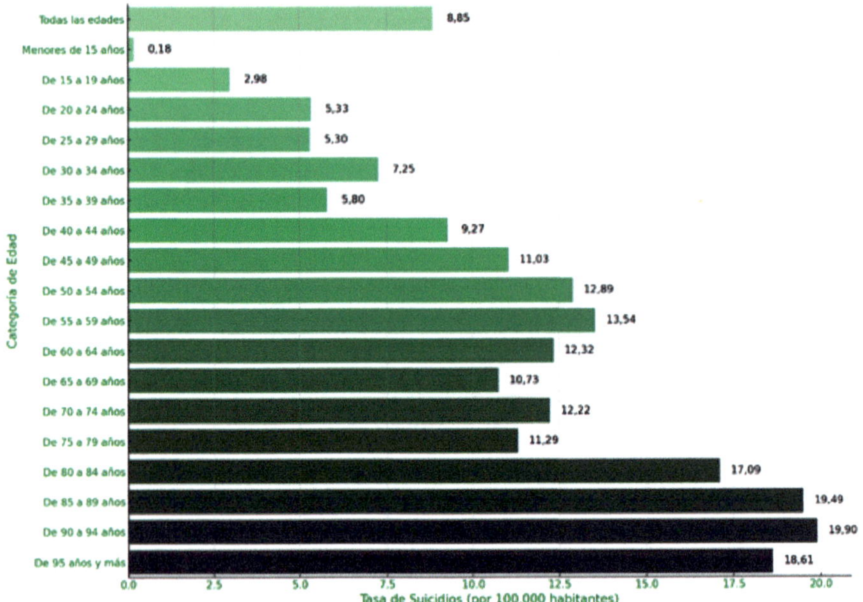

Se ha de indicar que, aunque atención y los recursos para la salud mental en España ha avanzado ligeramente en los últimos años, existen áreas que requieren mejora y expansión para satisfacer las necesidades de la población. A continuación, se detallan algunos servicios y recursos actuales, así como las necesidades identificadas. La línea telefónica 024, implementada por el Ministerio de Sanidad en 2022, ha gestionado más de 260.000

llamadas, según los datos reportados a fecha de mayo de 2024. La mayoría de las llamadas han sido realizadas por mujeres en situaciones de riesgo medio a muy alto. En estos casi dos años, 12.846 llamadas fueron derivadas al servicio de emergencias 112 para proporcionar atención urgente a las personas en crisis. Este servicio ha demostrado ser un recurso esencial para la atención inmediata y la prevención de conductas suicidas, proporcionando un canal de ayuda accesible para quienes se encuentran en situaciones de crisis.

Figura 6. Campaña "llama a la vida" de la línea 024

Con base en las cifras previamente indicadas, en la actualidad sigue siendo fundamental incrementar los recursos destinados a la salud mental en la sanidad pública. Esto pasa por la contratación de más profesionales de la salud mental, así como la formación específica para estos profesionales en la detección y manejo de conductas suicidas. La capacitación continua y especializada permitiría implementar estrategias más eficaces y oportunas, mejorando la calidad de la atención proporcionada. Tal y como refleja el informe publicado por la Fundación ANAR en el año 2022 tan solo el 44% de los jóvenes con conducta suicida reciben tratamiento psicológico, lo que subraya la necesidad de mejorar la detección precoz y el apoyo temprano. El mismo informe indica que, en España, los/as adolescentes de familias migrantes, o aquellas personas pertenecientes a la comunidad LGTBIQ+ tienen un mayor riesgo de ideación y conducta suicida y requieren atención y apoyo específicos. Debido a lo mencionado es crucial implementar programas y recursos que faciliten el acceso a tratamiento psicológico para jóvenes, asegurando que aquellos en riesgo reciban la atención necesaria a tiempo.

Ante la situación descrita, personas expertas y organizaciones han reclamado al Gobierno la implementación de un plan nacional de prevención del suicidio para coordinar acciones entre las distintas administraciones. Aunque actualmente algunas comunidades autónomas tienen programas específicos, no existe una estrategia unificada a nivel estatal. Durante el año 2024 desde el Ministerio de Sanidad se ha manifestado la intención de aprobar un Pacto de Estado por la Salud Mental; pese a esto, aún no se han detallado medidas concretas.

La implementación de un Pacto de Estado de Salud Mental en España podría llegar a suponer una serie de medidas y cambios estructurales fundamentales para abordar de manera integral y coordinada los problemas relacionados con la salud mental y la prevención del suicidio. El pacto podría llegar a traer consigo impactos y beneficios significativos en diversas áreas clave. En primer lugar, se establecería una estrategia nacional unificada para la prevención y tratamiento de problemas de salud mental, coordinando los esfuerzos entre las diferentes administraciones públicas. Esto aseguraría que todas las comunidades autónomas trabajesen bajo un mismo marco de acción, adaptado a las necesidades regionales. Además, implicaría un aumento en los recursos destinados a la salud mental, incluyendo la contratación de más profesionales y la mejora de infraestructuras y servicios existentes. También se reforzaría la formación de los profesionales de la salud, educación y otros sectores relevantes en la detección temprana y manejo de problemas de salud mental y conductas suicidas, de forma que se permitiesen intervenciones más eficaces y oportunas. El pacto también fomentaría el desarrollo y ampliación de programas de prevención del suicidio y promoción de la salud mental en distintos ámbitos, orientados a reducir el estigma y fomentar una cultura de apoyo y comprensión social. Además, la posible inclusión de programas de educación emocional en el currículo escolar ayudaría a los jóvenes a desarrollar habilidades para manejar el estrés y la ansiedad desde una edad temprana, contribuyendo a una mejor salud mental a largo plazo. Asimismo, se mejoraría la atención y seguimiento de las personas con problemas de salud mental, incluyendo la creación de unidades especializadas en crisis suicidas y el fortalecimiento de líneas de ayuda y apoyo psicosocial disponibles 24 horas al día, como la línea 024. Mediante las acciones indicadas se llegaría a garantizar un enfoque inclusivo, asegurando que grupos vulnerables reciban el apoyo específico que necesitan, incluyendo medidas para combatir la violencia de género y el acoso escolar. Abordar los problemas de salud mental de manera más efectiva también reduciría el impacto socioeconómico asociado, disminuyendo las tasas de suicidio, mejorando los niveles de salud mental, reduciendo el ausentismo laboral, aumentando la productividad y disminuyendo los costos asociados a la atención médica y hospitalizaciones. Finalmente, el pacto incluiría mecanismos para el monitoreo y evaluación continua de las políticas y programas implementados, asegurando que las medidas sean efectivas y se ajusten a las necesidades cambiantes de la población.

EL SUICIDIO DESDE UNA PERSPECTIVA MULTIDISCIPLINAR

El abordaje de las conductas suicidas debe ser global y no limitarse solo a la intervención sanitaria sobre determinantes individuales. Al igual que muchos de los condicionantes que afectan la salud mundial en el siglo XXI, requiere un enfoque poblacional y multidisciplinar. Esto implica acciones sobre factores interpersonales, comunitarios, sociales y políticos, afrontando el problema de manera integral, tal y como se abordan todos los problemas de salud pública. Las estrategias de atención a la conducta suicida deben ser adaptadas a los contextos locales y deben incluir una combinación de intervenciones con un enfoque en la salud pública que considere los múltiples factores que ya han sido comentados previamente y que contribuyen al riesgo de suicidio o median en dicha conducta.

El manejo del riesgo de suicidio en el entorno sanitario exige un enfoque multidisciplinario que aborde de manera integral los múltiples factores que influyen en esta problemática compleja. Este enfoque debe incluir la combinación de intervenciones universales, selectivas e indicadas, además de tratamientos psicológicos y farmacológicos. Sin embargo, es crucial incorporar también las intervenciones sociales y de salud pública, coordinadas para mejorar la conducta suicida y reducir tanto la mortalidad como la morbilidad asociada. En este contexto, los Servicios Sociales deben ocupar un lugar central en la estrategia de prevención del suicidio. Aunque el suicidio se aborda principalmente desde el ámbito sanitario, los Servicios Sociales desempeñan un papel esencial debido a su enfoque particular en las dificultades sociales, emocionales y económicas. Para muchas personas, estos servicios actúan como puerta de entrada al sistema de atención, siendo su primer contacto con instituciones cuando enfrentan adversidades que podrían estar vinculadas con conductas suicidas. La inclusión de los Servicios Sociales en la red de atención no solo complementa la labor del sector salud, sino que también facilita un acceso más equitativo a la intervención temprana, abordando factores de riesgo sociales que podrían contribuir al riesgo suicida.

Dentro de este enfoque, el Trabajo Social desempeña un papel crucial al ser una parte integral del equipo multidisciplinario. La disciplina es esencial en la identificación temprana y la gestión de intervenciones con personas en riesgo, facilitando una atención colaborativa y segura. Su participación no solo contribuye a reducir el riesgo de suicidio, sino que también optimiza el uso de los recursos disponibles, garantizando que las personas reciban el apoyo adecuado en el momento oportuno.

A medida que la atención sanitaria evoluciona hacia un enfoque de sistema de cuidado, es esencial un esfuerzo multidisciplinario para el manejo óptimo, especialmente en la evaluación y abordaje del riesgo de suicidio. Sin embargo, aún se carece de directrices estandarizadas en este ámbito. Ante esto se ha propuesto el modelo de *Gestión Terapéutica del Riesgo del Paciente Suicida* (TRMSP, por sus siglas en inglés) propuesto por Cynthia Grant y Jaimie Lusk, que buscan llenar este vacío, mejorando las evaluaciones de riesgo clínico mediante instrumentos estructurados, estratificación del riesgo y la creación de un plan de seguridad colaborativo. Este modelo facilita la comunicación y comprensión entre el equipo, asegurando que cada aspecto del riesgo suicida sea abordado de manera integral. Originalmente el modelo fue diseñado para la atención psiquiátrica, pero el TRMSP puede ser implementado dentro de un marco multidisciplinario para optimizar los resultados del paciente y los recursos clínicos. Desde el sistema de cuidados se pueden emplear estratégicamente sus recursos multidisciplinarios para implementar TRMSP, mejorando el tratamiento, la seguridad y la utilización de recursos. El Trabajo Social desempeñan un papel crucial en este proceso, participando en el cribado y evaluación inicial para identificar y manejar tempranamente el riesgo de suicidio a través de un acompañamiento colaborativo.

La implementación del TRMSP en un entorno multidisciplinario requiere instrumentos estructurados, documentación coherente y un plan de seguridad unificado. Disciplinas como el Trabajo Social, junto con otros proveedores de salud, pueden utilizar herramientas como la Escala de

Gravedad de Ideación Suicida de Columbia (C-SSRS) para estandarizar las evaluaciones de riesgo y mejorar la comunicación. Al trabajar en conjunto, se crea una red de apoyo alrededor del paciente, reduciendo la carga clínica individual y mejorando la seguridad general del paciente, fortaleciendo así la capacidad del sistema de salud para gestionar el riesgo de suicidio de manera más efectiva.

Desde una perspectiva multidisciplinar, es fundamental abordar el riesgo de suicidio a través de tres pilares esenciales: la prevención, la intervención en crisis y la posvención.

Tabla 4. Aproximación conceptual a la prevención, intervención en crisis y posvención ante la conducta suicida

Prevención	Estrategias y programas diseñados para reducir la incidencia de suicidio y la conducta suicida mediante la identificación de factores de riesgo y la implementación de intervenciones adecuadas.
Intervención en crisis	Técnicas y tratamientos utilizados para ayudar a personas que se encuentran en una crisis suicida para poder estabilizarse y reducir el riesgo inmediato de suicidio.
Posvención	La posvención ofrece apoyo a las personas afectadas por el suicidio de un ser querido o que han sobrevivido a un intento, ayudándoles a afrontar el duelo y prevenir nuevos intentos. También busca reducir el estigma del suicidio y fomentar redes de apoyo comunitario para facilitar la recuperación y bienestar a largo plazo.

PERSPECTIVA DE GÉNERO

La conducta suicida afecta a mujeres y a hombres en todas las sociedades, pero presenta diferencias notables desde una perspectiva de género. En la conducta suicida se observa en que, aunque los hombres tienen tasas de suicidio más altas, las mujeres son más propensas a autolesionarse. Como se ha adelantado con anterioridad, las mujeres intentan suicidarse entre 3 y 9 veces más que los hombres, mientras que la mortalidad por suicidio es de 3 a 4 veces mayor en los hombres. Pese a esto cabe indicar que, en el año 2020, en España las mujeres superaron por primera vez las 1.000 muertes por suicidio, concretamente 1.011 muertes. Además, la planificación suicida es más frecuentes entre las chicas en comparación con los chicos. Este fenómeno se conoce habitualmente como la "paradoja del género". Esta paradoja en el suicidio indica que los hombres presentan un mayor número de suicidios consumados, mientras que las mujeres triplican las tentativas. Esto puede explicarse por diversas razones, como diferencias en la forma de abordar el estrés y el conflicto, el uso de métodos más violentos, la disponibilidad de estos, la prevalencia del consumo de sustancias tóxicas y las diferencias en los roles de género y el proceso de socialización.

Cabe destacar que el comportamiento y las expectativas de hombres y mujeres, según los roles de masculinidad y feminidad en una cultura patriarcal, influyen en esta paradoja. Los hombres, bajo las dinámicas patriarcales, se asocian con atributos como fortaleza, poder, coraje, independencia, racionalidad y competitividad, lo que lleva a una expresión emocional diferente y a una mayor aceptación de conductas agresivas. Así, los hombres tienden a emplear métodos de suicidio más violentos, mientras que las mujeres usan métodos menos letales, lo que explica la mayor tasa de intentos de suicidio en mujeres frente a la mayor tasa de suicidios consumados en hombres.

Además, los roles de género afectan al riesgo de suicidio relacionado con el historial de enfermedad mental de la persona. La depresión y otros trastornos mentales incrementan las ideaciones suicidas, y se estima que el 90% de las personas que se suicidan tienen un problema de salud mental, principalmente depresión. Los datos de prevalencia indican que las mujeres presentan tasas más altas de depresión en comparación con los hombres. Así, las mujeres que se suicidan suelen tener un diagnóstico de enfermedad mental con mayor frecuencia que los hombres, lo que aumenta la probabilidad de intentos de suicidio.

Existen otras variables de naturaleza estructural o vinculadas con las relaciones sociales que también están condicionadas por el género. Así, la cohesión social y la fragmentación también juegan un impacto significativo en las tasas de suicidio. Las áreas con mayor fragmentación social presentan tasas de suicidio más altas. La percepción que tienen los jóvenes sobre su comunidad y la comparación con la felicidad de sus pares también influyen en el riesgo suicida. En particular, los hombres tienden a compararse negativamente con sus pares, lo que puede aumentar su riesgo de suicidio. La estabilidad familiar y el apoyo emocional también son cruciales para los jóvenes. Respecto a esto, los hombres jóvenes son particularmente vulnerables a la falta de apoyo emocional y al colapso de relaciones significativas, lo que puede incrementar su riesgo de suicidio. Las intervenciones familiares, como los programas de apoyo a padres, podrían tener un impacto positivo en la reducción de las tasas de suicidio juvenil masculino.

La relación entre desempleo y suicidio es compleja, pero cabe indicar que la falta de ocupación afecta especialmente a los hombres jóvenes. Esto puede deberse a que la transición económica de industrias tradicionales hacia sectores de servicios ha dejado a muchos jóvenes sin trabajo, aumentando su vulnerabilidad económica. Además, a nivel intrapersonal los hombres jóvenes parecen ser más sensibles a los estresores asociados con el desempleo a largo plazo, lo cual erosiona su autoestima y bienestar económico.

Por otra parte, la dificultad de los hombres para buscar tratamiento o ayuda, debido a la percepción de falta de fortaleza según los roles masculinos impuestos por la cultura androcéntrica y heteronormativa, también contribuye a esta paradoja. Los hombres acostumbran a ser menos propensos a buscar ayuda para problemas emocionales y suicidas, lo que agrava su riesgo. Además, los hombres jóvenes a menudo no acceden a servicios formales debido al estigma y la incomodidad. Estas diferencias en la orientación hacia la conducta suicida sugieren y avalan la necesidad de estrategias diferenciadas en las estrategias y programas de prevención.

Violencia machista

La relación entre la violencia machista y el suicidio es compleja, afectando de manera significativa a las mujeres jóvenes. La violencia machista, que incluye abuso físico, emocional y psicológico, aumenta considerablemente el riesgo de suicidio entre las mujeres. La exposición prolongada a este tipo de violencia erosiona la autoestima, genera un profundo sentimiento de desesperanza y afecta negativamente a la salud mental de las víctimas. Aunque el fenómeno de la violencia machista está presente en todos los ámbitos de la vida de las mujeres, por el simple hecho de ser mujeres, se evidencia de manera particular en las relaciones de pareja. Estas relaciones de violencia implican un patrón de comportamiento controlador y coercitivo por parte del agresor, que busca mantener el poder y el control sobre la víctima, quien va perdiendo su identidad y quedando subordinada.

Las consecuencias de esta violencia son profundas y múltiples, afectando a la esfera física, psicológica, social y sexual de las víctimas. El impacto prolongado de la violencia puede destruir la personalidad de una mujer, llevándola a un estado de alerta constante, privación y tensión. Las mujeres que han sufrido violencia machista a menudo experimentan una serie de problemas de salud mental y física, incluyendo estrés crónico, somatización, miedo, ansiedad, depresión, desesperanza, trastornos del sueño y trastornos de la conducta alimentaria, así como un posible aumento en el consumo de alcohol y medicación. Además, muchas mujeres se pueden llegar a aislar socialmente y sentir una profunda culpa. Adicionalmente, muchas pueden llegar a mostrar síntomas significativos de trastorno de estrés postraumático.

La cohesión social y la percepción de apoyo también juegan un papel crucial en la relación entre la violencia machista y el suicidio. El entorno familiar y las relaciones personales son de relevancia para las mujeres que sufren violencia machista. La falta de apoyo emocional y la ruptura de relaciones significativas pueden incrementar su riesgo de suicidio. Las intervenciones familiares, como los programas de apoyo, pueden tener un impacto positivo en la reducción de las tasas de suicidio entre las mujeres jóvenes. Además, las mujeres que viven en comunidades con baja cohesión social y altos niveles de violencia son más vulnerables al riesgo de suicidio. En términos globales, la percepción de falta de apoyo de la comunidad y la normalización de la violencia pueden aumentar el aislamiento y la desesperanza de las supervivientes de la violencia machista.

Además, las mujeres que sufren violencia machista a menudo tienen menos probabilidades de buscar ayuda para problemas emocionales, así como para ideaciones y pensamientos suicidas, debido al estigma y la vergüenza. Es crucial que los servicios de apoyo sean accesibles, receptivos y sensibles a las necesidades específicas de las víctimas de violencia machista. Las intervenciones deben abordar todas las formas de comunicación suicida y proporcionar un entorno seguro y de apoyo.

Dado este contexto, existe un vínculo claro y fuertemente establecido entre la violencia machista y el riesgo de suicidio, incluyendo ideación y conductas suicidas. El maltrato es un factor de riesgo crítico que debe ser considerado seriamente en el ámbito educativo, social y sanitario. Es esencial que profesionales de la salud y de los servicios sociales identifiquen y aborden estos riesgos de manera integral para proporcionar el apoyo necesario y prevenir el suicidio en mujeres que han sido víctimas de violencia machista.

A modo conclusivo, el suicidio en mujeres víctimas de violencia machista está profundamente arraigado en el contexto social y de género. Las intervenciones desde el Trabajo Social, en el marco de intervenciones conjuntas con otras disciplinas, y las políticas públicas deben abordar estos contextos, promoviendo la igualdad de género, mejorando la cohesión social y ofreciendo un apoyo familiar y comunitario robusto.

Colectivo LGBTIQ+

Como se ha podido observar previamente, el suicidio juvenil está profundamente arraigado en el contexto social y de género. Las intervenciones desde el Trabajo social y las políticas deben abordar estos contextos, promoviendo roles masculinos más flexibles y accesibles a la ayuda emocional, mejorando la cohesión social y ofreciendo un apoyo familiar robusto. Además, se debe reconocer y abordar el riesgo elevado en jóvenes LGBTIQ+ y asegurar que los servicios sean accesibles y no discriminatorios. Este enfoque integral es esencial para reducir las tasas de suicidio y mejorar el bienestar de los jóvenes.

Las personas jóvenes LGBTIQ+ enfrentan tasas significativamente más altas de ideación y comportamiento suicida en comparación con sus pares cisgénero y heterosexuales. Esta disparidad ha llevado a la necesidad de explorar en profundidad los factores de riesgo y protección asociados al suicidio en esta población. Entre los factores de riesgo que contribuyen a estas tasas elevadas se encuentran el estrés de la minoría, la identidad transgénero, la violencia de pareja, la falta de hogar, la victimización en la escuela y la ausencia de apoyo escolar. Estos factores incrementan la vulnerabilidad de los jóvenes LGBTIQ+ a desarrollar pensamientos y comportamientos suicidas.

En cuanto a la orientación sexual e identidad de género, los colectivos no normativos tienen un mayor riesgo de conducta suicida. Una investigación del *Trevor Project* en Estados Unidos, con 40.000 jóvenes de entre 13 y 24 años, encontró que el 40% de los encuestados LGBTIQ+ consideraron seriamente el intento de suicidio en los últimos doce meses y más de la mitad de las personas trans y no binarias también lo consideraron. Además, el 48% de los jóvenes LGBTIQ+ se autolesionaron en el último año, porcentaje que supera el 60% entre las personas trans y no binarias.

Estos datos subrayan la importancia de abordar el comportamiento suicida desde una perspectiva de género, reconociendo las diferentes necesidades y factores de riesgo, también los de grupos poblacionales específicos. Por ello, es crucial reconocer oficialmente este riesgo en las políticas y proporcionar un entorno de apoyo y no discriminatorio por parte de todas las instituciones, especialmente las educativas, sociales y sanitarias. Se han de desarrollar intervenciones y estrategias específicas que aborden estos factores de manera efectiva, especialmente en grupos vulnerables como los jóvenes LGBTIQ+, para reducir las tasas de suicidio y mejorar el bienestar mental en todas las comunidades.

Cabe reseñar que, igual que se han identificado factores de riesgo, también existen factores protectores que pueden ayudar a reducir estas tasas de ideación y comportamiento suicida. Estos incluyen la presencia de alianzas de género y sexualidad, currículos escolares inclusivos para LGBTIQ+, políticas escolares que afirmen estas identidades, y el apoyo tanto de la familia como de los pares. Además, las intervenciones de salud mental específicas para esta población son cruciales para mejorar su bienestar.

En la última década, se ha realizado una cantidad considerable de investigación sobre estos temas. Sin embargo, aún se requiere más estudio para comprender mejor las subpoblaciones diversas dentro de la comunidad LGBTIQ+ y desarrollar medidas estándar para evaluar estas identidades. Los entornos educativos han sido identificados como lugares críticos para los esfuerzos de prevención e intervención del suicidio, subrayando la necesidad de una mayor formación sobre diversidad de género y sexualidad para el Trabajo Social.

La revisión de la literatura sugiere que el Trabajo Social a menudo carece de la formación necesaria sobre temas LGBTIQ+ y suicidio juvenil. Es crucial integrar este conocimiento en los programas de educación y capacitación para preparar mejor a los profesionales en la identificación y manejo del riesgo de suicidio entre los jóvenes LGBTIQ+.

Además, se debe reconocer y abordar el riesgo elevado en mujeres LGBTQ+ y asegurar que los servicios sean accesibles y no discriminatorios. Es fundamental continuar investigando el suicidio juvenil LGBTIQ+ y explorar las implicaciones para la práctica del Trabajo Social, la formulación de políticas públicas y la investigación futura. El objetivo es mejorar los resultados de salud mental para esta población vulnerable mediante una combinación de apoyo social, políticas inclusivas y capacitación adecuada para los profesionales de la salud mental.

FACTORES Y EVALUACIÓN DE LA CONDUCTA SUICIDA

FACTORES DE RIESGO

En el último siglo, se ha podido avanzar en la comprensión de cómo los factores sociales e individuales contribuyen al riesgo de conducta suicida. El suicidio es una preocupación significativa de salud pública, con múltiples factores de riesgo identificados científicamente a través de meta-análisis y estudios longitudinales. Tal y como ya se ha adelantado, los factores de riesgo del suicidio son variables que, al estar presentes, aumentan la probabilidad de conductas suicidas. Comprender estos factores es esencial, ya que el suicidio no se debe a una única causa, sino a la acumulación de múltiples factores personales, sociales, psicológicos, biológicos y ambientales. El riesgo aumenta con el número de factores presentes, aunque algunos tienen más peso que otros. Pese a esto, en la evaluación, es crucial considerar la individualidad, ya que no todos los factores afectan a todas las personas por igual. Estos factores de riesgo se dividen en modificables, que pueden ser intervenidos, e inmodificables, que son inherentes a la persona o al grupo social.

Diversos modelos han sido propuestos, destacando la interacción entre factores predisponentes y precipitantes. En cuanto a los factores predisponentes hacen referencia a aquellos que incrementan la vulnerabilidad de una persona al suicidio a lo largo del tiempo. Estos pueden incluir factores genéticos, como una predisposición familiar a la conducta suicida, y experiencias tempranas adversas, como abuso o negligencia durante la infancia. Además, ciertos rasgos de personalidad, como la impulsividad y la agresividad, pueden aumentar el riesgo a largo plazo. Otros factores predisponentes incluyen la exposición a adversidades en la infancia, o factores como la gestión y respuesta de estrés. Adicionalmente, en relación con los factores predisponentes o distales, se sugiere que la conducta suicida puede tener un componente hereditario. Diversos estudios con familiares han demostrado un mayor riesgo de intentos de suicidio entre los parientes de quienes han fallecido por esta causa. Algunos estudios de adopción indican que la concordancia familiar para la conducta suicida no se debe a la imitación, sino a factores genéticos, con una heredabilidad estimada entre 30-50%. Como factores precipitantes se encuentran los eventos o situaciones que desencadenan la conducta suicida en personas ya vulnerables. Estos factores suelen estar temporalmente asociados con el acto suicida y pueden incluir situaciones de estrés agudo, como la pérdida de un ser querido, problemas económicos, conflictos interpersonales o el diagnóstico de una enfermedad grave. La presencia de trastornos psiquiátricos, como la depresión o la ansiedad, también puede actuar como un factor precipitante. Algunos trastornos del DSM-5-TR[1] relacionados con las autolesiones no suicidas incluyen: Trastornos del Estado de Ánimo, como la depresión, donde la desesperanza está vinculada a conductas autolesivas, especialmente en mujeres jóvenes; Trastornos de Ansiedad, que también se relacionan con autolesiones precedidas por intensa excitación emocional; Trastorno Límite de la Personalidad (TLP), que comparte con las autolesiones la desregulación emocional; Trastornos de la Conducta Alimentaria (TCA), cuyas conductas comparables a las autolesiones no suicidas son provocadas por emociones negativas; Trastorno Obsesivo Compulsivo (TOC), donde las compulsiones pueden incluir autolesiones; y el Abuso de Sustancias, donde las autolesiones no suicidas funcionan como una adicción mediante la liberación de endorfinas.

A nivel social, hace ya más de un siglo, Durkheim destacó el impacto significativo de los factores sociales en las tasas de suicidio. Su trabajo pionero demostró cómo la estructura social y las condiciones colectivas pueden influir en el comportamiento individual. Un ejemplo contemporáneo de este fenómeno se ha observado en las poblaciones indígenas, como los

---

[1] El DSM-5-TR (Diagnostic and Statistical Manual of Mental Disorders, 5th Edition, Text Revision) es una actualización del manual publicado por la Asociación Americana de Psiquiatría (APA), que proporciona criterios estandarizados para el diagnóstico de trastornos mentales. Es una herramienta para profesionales de la salud mental en la evaluación, diagnóstico y tratamiento de diversas condiciones psicológicas y psiquiátricas.

Inuit canadienses. En estas comunidades, las tasas de suicidio aumentaron drásticamente debido a cambios sociales profundos, como los asentamientos forzados y los procesos de asimilación cultural. Estos cambios generaron una pérdida de identidad cultural, desintegración comunitaria y numerosos problemas sociales, lo que incrementó el riesgo de suicidio. En contraste, las sociedades homogéneas con alta cohesión social y valores comunes tienden a mostrar tasas de suicidio más bajas. Esta cohesión social actúa como un factor protector, proporcionando un sentido de pertenencia y apoyo. Sin embargo, es importante notar que estas cifras pueden estar subestimadas debido al estigma asociado al suicidio, lo que puede llevar a una menor notificación y registro de casos. Estos ejemplos ilustran cómo los factores sociales y culturales desempeñan un papel crucial en la incidencia de la conducta suicida y subrayan la necesidad de abordar estas cuestiones en las estrategias de prevención e intervención.

Como se ha comentado las causas del comportamiento suicida son numerosas y complejas, relacionadas con situaciones vitales constantes, así como circunstanciales o episódicas. Los detonantes pueden ser tan variados como las experiencias personales a lo largo de la vida, incluyendo la pobreza, el desempleo, la pérdida de seres queridos, la ruptura de relaciones, los problemas jurídicos o laborales, los antecedentes familiares de suicidio, el abuso de alcohol y estupefacientes, el maltrato en la infancia, el aislamiento social y ciertos trastornos mentales, como la depresión y la esquizofrenia. Las crisis económicas, el desempleo y la disminución de ingresos personales se correlacionan con un aumento en las tasas de suicidio, especialmente en hombres. La cobertura mediática del suicidio también influye en las tasas, particularmente cuando se publicitan los métodos utilizados, cuando el fallecido es una persona famosa o cuando el suicidio se presenta de manera romántica, en lugar de vincularlo con enfermedades mentales y sus consecuencias negativas para los supervivientes. Los adolescentes y jóvenes son especialmente susceptibles a los efectos de las comunicaciones mediáticas sensacionalistas.

Para una mayor clarificación de los factores expuestos se estima procedente presentar el modelo *SESPM* (*Social-Ecological Suicide Prevention Model*), que se trata de un enfoque integral diseñado para organizar y comprender los factores de riesgo y protección del suicidio a través de diferentes niveles sociales y ecológicos. Inspirado en el modelo del CDC (*Centers for Disease Control and Prevention*) para abordar problemas de salud, el

SESPM divide los factores en cuatro niveles: individual, relacional, comunitario y societal. A nivel individual, se consideran aspectos como las características demográficas y las condiciones de salud mental; en el nivel relacional, se examinan las dinámicas interpersonales como el apoyo social o la violencia doméstica; el nivel comunitario se enfoca en instituciones como escuelas o centros de salud; y el nivel societal aborda normas culturales, políticas y legislaciones. Este enfoque multinivel permite una visión más completa de cómo diversos factores interactúan y afectan el riesgo de suicidio. Adicionalmente, el modelo *SESPM* propone un marco para la integración y organización de los conocimientos sobre los factores de riesgo y protección, lo que facilita la identificación de interacciones complejas entre los diferentes niveles. Esto es crucial, ya que muchos estudios sobre el suicidio han tendido a centrarse en uno o dos niveles, dejando de lado cómo factores a nivel macro, tales como las políticas públicas, pueden influir en el comportamiento suicida al nivel micro, como por ejemplo las características individuales. Este modelo no solo organiza el conocimiento existente, sino que también sirve como matriz para incorporar nuevos factores y explorar cómo estos pueden moderar o mediar el riesgo de suicidio.

Tal y como ya se ha adelantado, el suicidio es etiológicamente heterogéneo, con una variabilidad significativa en el desarrollo y los patrones de asociación de los factores de riesgo según el género, la edad, la cultura, la ubicación geográfica y la historia personal. Entre los factores de riesgo más importantes se encuentran los trastornos de salud mental, en particular los trastornos del estado de ánimo y los relacionados con el consumo de sustancias, así como los intentos previos de suicidio y los comportamientos de autolesión. En los últimos años, se ha observado un aumento en el número de muertes asociadas al consumo de drogas en España, resultando que, de la totalidad de personas fallecidas, el 78,0% eran hombres, con una edad media de 46,7 años. Del total de defunciones, el 26,9% mostró indicios previos de suicidio, siendo este porcentaje significativamente mayor entre las mujeres (50,3%) en comparación con los hombres (19,7%).

Ante lo mencionado, la comprensión y abordaje de los factores predisponentes y precipitantes es esencial para prevenir y tratar eficazmente la conducta suicida. La prevención y las estrategias efectivas requieren una comprensión integral de estos factores y sus interacciones, así como la implementación de estrategias de intervención basadas en esta comprensión.

Tabla 5. Factores de riesgo de conducta suicida

Categoría	Factores de Riesgo
HISTORIAL PERSONAL Y FAMILIAR	Intento de suicidio previo
	Historial familiar de suicidio
FACTORES BIOLÓGICOS	Alteraciones neurobiológicas
	Enfermedades físicas crónicas o terminales
	Dolor crónico
FACTORES PSICOLÓGICOS	Enfermedades mentales
	Trastornos del sueño o insomnio
	Sentimientos de desesperanza
	Baja autoestima
	Percepción negativa del futuro
	Alta introversión
FACTORES CONDUCTUALES	Comportamientos autolesivos
	Planificación y preparación para el suicidio (poner en orden asuntos pendientes, despedirse de seres queridos)
	Comportamientos impulsivos
	Conductas adictivas
FACTORES SOCIALES Y SOCIOECONÓMICOS	Aislamiento social y soledad (retraimiento, pérdida/falta de apoyo social dificultades en las relaciones interpersonales)
	Problemas familiares (separaciones o conflictos familiares)
	Crisis económica
	Desempleo, precariedad laboral e inseguridad laboral
	Riesgo y situaciones de pobreza
	Deuda significativa
FACTORES SOCIOCULTURALES	Normas culturales que estigmatizan la búsqueda de ayuda
	Limitaciones en el acceso a servicios de salud mental
	Expectativas y roles de género (presiones sobre roles masculinos/femeninos)

CATEGORÍA	FACTORES DE RIESGO
FACTORES AMBIENTALES	Acceso a medios letales (armas, medicamentos)
	Eventos estresantes recientes (pérdida de empleo, problemas financieros, pérdida de un ser querido)
	Condiciones de vida desfavorables
FACTORES EDUCATIVOS	Desvinculación académica
	Fracaso escolar
	Presión académica excesiva
FACTORES ESTRESANTES	Pérdida o duelo (especialmente de una persona importante)
	Eventos estresantes, enfermedad terminal, problemas de alojamiento.
ABUSO Y MALTRATO	Abuso infantil
	Abuso sexual
	Maltrato
	Acoso
FACTORES MEDIÁTICOS	Cobertura mediática sensacionalista de suicidios, efecto Werther (imitación de suicidios)
	Desconocimiento y carencias formativas sobre el tema

FACTORES DE PROTECCIÓN

Los factores protectores contra la conducta suicida son variables que reducen la probabilidad de suicidio o conductas autolesivas y su promoción en la sociedad es fundamental para la prevención. Los factores de protección están asociados con una mayor probabilidad de reducir la conducta suicida, por lo que detectar y trabajar estos factores protectores es crucial en la prevención del suicidio, ya que su presencia puede mitigarlo significativamente. En términos globales estos factores pueden ser de naturaleza personal, familiar y social, y su fortalecimiento puede generar un entorno más seguro y resiliente.

En el propio DSM-5-TR se reconoce que factores protectores, como el apoyo social sólido, la estabilidad emocional y el acceso a servicios de salud mental, desempeñan un papel crucial en la reducción del riesgo suicida.

Estos factores, cuando se identifican y promueven adecuadamente, pueden actuar como barreras frente a las influencias negativas que predisponen a la conducta suicida. Así, la evaluación y el fortalecimiento de estos factores protectores no solo son fundamentales para la intervención, sino que también deben ser considerados para la implementación de políticas de salud pública.

Figura 7. Factores de protección ante la conducta suicida

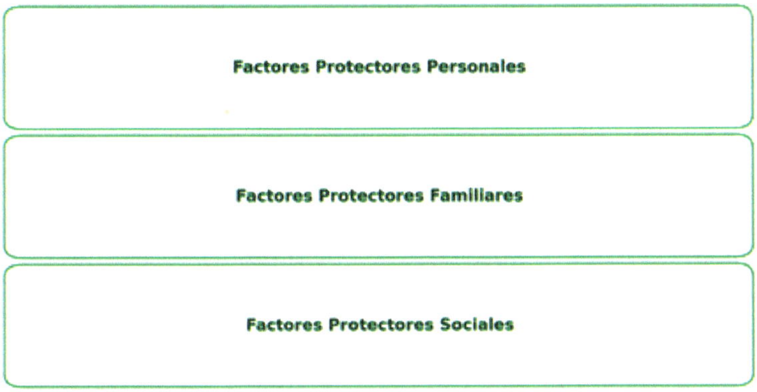

Factores Protectores Personales
Factores Protectores Familiares
Factores Protectores Sociales

Factores protectores personales

A nivel personal, mantener un buen estado de salud física, mental y emocional se consideran de relevancia. Un alto nivel intelectual y capacidad de aprendizaje, junto con competencias en solución de problemas, manejo del estrés, resolución de conflictos, comunicación y habilidades sociales, son asimismo esenciales para la resiliencia. Hábitos saludables y una buena alfabetización en salud también juegan un papel importante.

Se han de tener presentes variables psicológicas como tener un carácter positivo, un sentido de esperanza, optimismo, humor, un proyecto de vida, autocontrol, estabilidad emocional, autoeficacia, autoestima, sentido vital, empatía, inteligencia emocional y facilidad para expresarse; todas ellas son cruciales como posibles factores protectores en determinados contextos y circunstancias. Además, la religiosidad y la espiritualidad pueden ofrecer un marco de apoyo emocional y sentido de propósito. Mantener buenos niveles de actividad y relaciones sociales también es esencial para la salud mental y la prevención de conductas suicidas.

Factores protectores familiares

En el ámbito familiar, el apoyo intrafamiliar y una vida en pareja en armonía proporcionan un sentimiento de pertenencia, aceptación y apoyo, todo ello relevante para la salud mental. Las responsabilidades familiares, como cuidar de hijos pequeños u otras personas dependientes, y la presencia de mascotas también puede ser un factor protector o inhibidor del suicidio. La experiencia maternal o paternal positiva refuerza este aspecto, proporcionando una red de apoyo y un sentido de propósito y responsabilidad.

Factores protectores sociales

Desde una perspectiva social, las competencias prosociales como el respeto, la solidaridad, la cooperación, la justicia, la tolerancia, la inclusión y la amistad juegan un papel crucial en la prevención del suicidio. El apoyo social y la integración significativa en la comunidad, así como una identidad cultural fuerte, también contribuyen a la protección contra el suicidio. Mantener buenas relaciones con iguales y contar con redes sociales estructuradas que ofrezcan un sentido de pertenencia y relaciones constructivas se estiman esenciales para la salud mental.

Adicionalmente, variables ocupacionales y económicas como tener un empleo estable y digno, oportunidades educativas, profesionales, deportivas y recreativas, y acceso a una vivienda digna son fundamentales para prevenir el suicidio. El acceso a servicios de salud mental y de atención a adicciones, así como el apoyo a poblaciones vulneradas y la formación en la detección precoz de enfermedades mentales y conducta suicida, son vitales para favorecer una sociedad más resiliente. Además, la dificultad de acceso a métodos letales, tales como el manejo de armas de fuego, es un factor clave en la prevención del suicidio.

Internet puede suponer y actuar tanto como un factor de riesgo como de protección frente al suicidio, especialmente entre los jóvenes. Las redes sociales y los foros son utilizados por el 70% de los jóvenes y pueden ofrecer apoyo y acceso a información que favorezca la prevención del suicidio. No obstante, también existen sitios web pro-suicidio que incrementan la ideación suicida al proporcionar métodos y fomentar pactos de suicidio, especialmente en personas en situación de vulnerabilidad. Por otro lado, internet puede ser una herramienta efectiva para alcanzar y apoyar a personas socialmente aisladas, ofreciendo información y comunicación en tiempo real de forma anónima. Por ello, es crucial promover páginas web y recursos que fomenten estrategias de afrontamiento positivo y reduzcan la desesperanza y la ideación suicida entre la juventud.

Promover estos factores protectores es esencial en la prevención y para generar estrategias frente a la conducta suicida. Fomentar entornos que fortalezcan estos aspectos puede ayudar a construir una sociedad más resiliente y solidaria, reduciendo así las tasas de suicidio y mejorando el bienestar general. La integración de estrategias que aborden estos factores en políticas públicas y programas comunitarios es un paso crucial para avanzar en la prevención del suicidio.

EVALUACIÓN Y DETERMINACIÓN DEL RIESGO

Como acabamos de ver no existe un único factor de riesgo que, por sí solo, sea predictor con precisión de la conducta suicida. Por ello, la predicción del suicidio solo puede mejorar significativamente al considerar múltiples factores de riesgo simultáneamente, con un enfoque específico en el riesgo de suicidio inminente. Los factores que contribuyen a la ideación suicida son distintos de aquellos que influyen en la transición de la ideación suicida al comportamiento suicida. Los trastornos del ánimo están generalmente más asociados con la ideación suicida, mientras que los trastornos de estrés (como el trastorno de pánico o el trastorno de estrés postraumático) y los trastornos de control de impulsos (como el abuso de sustancias) facilitan la conducta suicida.

La evaluación del riesgo suicida es un proceso crítico y complejo que requiere una comprensión profunda de los factores de riesgo y la implementación de herramientas adecuadas. Este proceso involucra una combinación de entrevistas detalladas, observación del estado mental y el uso de escalas estandarizadas tales como la *Escala de Ideación Suicida de Beck* (BSS), la *Columbia-Suicide Severity Rating Scale* (C-SSRS), la *Escala de Hopelessness de Beck* (BHS) o *el Patient Health Questionnaire-9* (PHQ-9), entre otras. Además, es esencial desarrollar un plan de seguridad personalizado, realizar un seguimiento continuo y, en casos de alto riesgo, derivar al paciente a servicios especializados.

Varios enfoques modernos se han desarrollado para evaluar a personas con alto riesgo de conducta suicida mediante la consideración de múltiples factores de riesgo. Entre estos enfoques se incluyen el uso de las mencionadas escalas estándar de riesgo de suicidio, pero también pruebas adaptativas computarizadas (CATs, por sus siglas en inglés), y la aplicación de algoritmos de aprendizaje automático a registros de salud electrónicos. Las CATs son herramientas de evaluación que utilizan tecnología para adaptar dinámicamente las preguntas de una evaluación en función de las respuestas previas de la persona. Este enfoque permite una evaluación más precisa y eficiente del riesgo suicida, ya que personaliza el proceso de evaluación para centrarse en los factores de riesgo más relevantes para cada persona. Al integrar estas pruebas con el aprendizaje automático, se pueden analizar grandes cantidades de datos provenientes de registros de salud electrónicos para identificar patrones de riesgo que podrían no ser evidentes a través de evaluaciones tradicionales. Este enfoque integrado ofrece una visión más completa y personalizada del riesgo suicida, lo que facilita intervenciones más efectivas y personalmente más dirigidas.

Además, los/as profesionales han de prestar atención a indicadores clave como intentos previos de suicidio, admisiones hospitalarias repetidas, y sentimientos de desesperanza. Es relevante señalar que menos de un tercio de los pacientes suicidas expresan abiertamente su intención suicida a su profesional de salud, por lo que es fundamental utilizar evaluaciones adicionales como las que han sido mencionadas, junto con una revisión exhaustiva de la historia clínica, así como los factores de riesgo del paciente. El Trabajo Social, colaborando con otros profesionales de la salud, pueden proporcionar una evaluación más integral y precisa.

Tabla 6. Instrumentos y herramientas para la identificación de la conducta suicida

Instrumentos	Descripción general
columbia- Escala de gravedad de suicidio (C-SSRS)	Escala estructurada que evalúa la gravedad e intensidad de la ideación y los comportamientos suicidas, útil para identificar el riesgo y planificar intervenciones.
Cuestionario de Conductas Suicidas - Revisado (SBQ-R)	Cuestionario de autoinforme diseñado para identificar factores de riesgo de suicidio en adolescentes y personas adultas. Se compone de un total de cuatro ítems.
Cuestionario de Salud del Paciente-9 (phq-9)	Herramienta breve que evalúa la severidad de la depresión, con un ítem específico sobre pensamientos suicidas que proporciona una indicación inicial del riesgo.
Escala Abreviada de Personalidad y Acontecimientos Vitales para la detección de los intentos de suicidio (S-PLE)	Identifica el riesgo de intentos de suicidio en base a 6 preguntas sobre trastorno de personalidad y autolesión previa. La puntuación se calcula sumando las respuestas afirmativas y una constante. Existen 2 umbrales: una puntuación inferior a 1,70 indica salud mental; superior a 2,46 sugiere riesgo de suicidio; y entre estos valores se considera posible trastorno mental.
escala de desesperanza de beck (bhs)	Mide los sentimientos de desesperanza, un predictor significativo de comportamiento suicida, con 20 ítems que evalúan las expectativas negativas sobre el futuro.
Escala de Ideación Suicida (SSI)	Cuantifica la intencionalidad suicida mediante 19 ítems completados por un terapeuta en una entrevista semi-estructurada. Evalúa actitudes hacia la vida/muerte, pensamientos suicidas, planificación y antecedentes de intentos. Cada ítem se puntúa de 0 a 2, con una puntuación total de 0 a 38, donde 1 o más indica riesgo de suicidio. Aunque útil en investigación y práctica clínica, su valor es limitado en la predicción del paso de la ideación al intento y no se recomienda para estudios epidemiológicos o de cribado.
escala de ideación suicida de beck (bss)	Herramienta de autoevaluación que mide la severidad de la ideación suicida en adultos, con 21 ítems que evalúan la intensidad de los pensamientos suicidas, el deseo de morir y la preparación para un intento.

Instrumentos	Descripción general
Escala de Intencionalidad Suicida de Beck (SIS)	Evalúa las características de la tentativa suicida en 20 ítems tipo Likert (0 a 2), agrupados en tres partes: objetiva, subjetiva y otros aspectos. Los primeros 15 ítems se usan para medir la gravedad de la tentativa, sin puntos de corte, donde una mayor puntuación indica mayor gravedad.
escala de valoración de la depresión de hamilton (hrsd)	Es una escala heteroaplicada diseñada para evaluar la gravedad de la sintomatología depresiva. Además, incluye un ítem que valora la ausencia o presencia de ideación/conducta suicida, el cual ha demostrado ser un predictor fiable de la conducta suicida.
Escala paykel (PSS)	Evalúa la ideación y conductas suicidas. Consta de cinco ítems que miden la frecuencia de pensamientos sobre la muerte, deseos de morir, pensamientos suicidas, intentos de suicidio y el número de intentos. Se utiliza para identificar y medir el riesgo suicida en diferentes contextos clínicos y de investigación.
Escala SAD PERSONS	Su nombre es un acrónimo formado por las iniciales de los 10 ítems que la componen. Cada ítem se refiere a un factor de riesgo de suicidio y evalúa la ausencia o presencia de dicho factor.
Inventario de depresión de beck (bdi)	Cuenta con un ítem sobre conducta suicida, esto es, una pregunta específica destinada a evaluar la presencia de ideación o intencionalidad suicida, ofreciendo cuatro opciones de respuesta para una valoración precisa.
is path warm	La Asociación Americana de Psiquiatría recomendó este instrumento como adecuado para evaluar los signos de alarma de la conducta suicida. El acrónimo IS PATH WARM identifica factores clave de riesgo para el suicidio, como la ideación suicida, abuso de sustancias, falta de propósito, ansiedad, sensación de estar atrapado/a, desesperanza, aislamiento, ira, imprudencia y cambios de humor. Este recurso puede ser útil para guiar la valoración del riesgo inmediato, ya que cada factor de riesgo evaluado suele estar presente en los meses previos a un intento.
Test de Asociación Implícita sobre Autolesiones (SI-IAT)	Evaluación implícita que mide las asociaciones automáticas relacionadas con autolesiones, lo cual puede indicar un riesgo elevado de conducta suicida.

PREVENCIÓN: DELIMITACIÓN Y ESTRATEGIAS EXISTENTES

Dada la magnitud del problema, la prevención de la conducta suicida se ha convertido en una prioridad indiscutible. Como se ha venido indicando, el suicidio es un problema complejo con múltiples factores de riesgo y requiere una combinación de estrategias de intervención para prevenirlo y abordarlo eficazmente. A este respecto los organismos internacionales señalan que la forma más efectiva de abordar el suicidio en un país es estableciendo una estrategia nacional de prevención del suicidio, de manera que se demuestre así el compromiso claro de los gobiernos con este problema.

El ya mencionado modelo *SESPM*, es uno de los marcos más completo para abordar este fenómeno, e inspirado en Bronfenbrenner este enfoque integral para la prevención del suicidio organiza los factores de riesgo y protección en diferentes niveles: individual, relacional, comunitario y societal. El modelo *SESPM* propone que la prevención del suicidio debe ser un esfuerzo multinivel, adaptando las intervenciones a las necesidades específicas de cada población. Esto incluye diferentes tipos de estrategias, desde el tratamiento de la salud mental a nivel individual hasta la implementación de políticas públicas que aborden factores societales, como la restricción del acceso a medios letales.

El modelo destaca la importancia de diseñar programas de prevención que integren estrategias en cada nivel del *SESPM*, asegurando que los programas sean efectivos y culturalmente relevantes. Se recomienda también que estos programas incluyan una estrategia integral de evaluación para medir su efectividad a corto y largo plazo, recogiendo datos tanto de los pacientes como de otros actores involucrados, como terapeutas y responsables políticos. Además, el *SESPM* sugiere el desarrollo de herramientas de evaluación de riesgo que consideren factores en todos los niveles, como algoritmos de riesgo multinivel y juicios profesionales estructurados. Estas herramientas mejorarían la precisión de las evaluaciones y permitirían intervenciones más personalizadas, superando las limitaciones de los enfoques actuales que se centran en un solo nivel. El *SESPM* representa un avance significativo en la forma de abordar la prevención del suicidio, ofreciendo un marco flexible y exhaustivo que integra múltiples niveles de influencia. Sin embargo, es importante destacar que este modelo debe adaptarse a las diferentes realidades socioeconómicas y culturales. Aunque el *SESPM* se basa en gran medida en la categorización de factores observada en el contexto norteamericano, su aplicación efectiva requiere una contextualización que tenga en cuenta las particularidades de cada población. Por último, este enfoque tiene el potencial de mejorar tanto la teoría como la práctica en la prevención del suicidio, promoviendo intervenciones más efectivas y adecuadas a las características específicas de cada población.

Desde hace dos décadas, respaldado por programas pioneros como *SUPRE* (*Suicide Prevention*), desarrollado en 1999 para la prevención del suicidio, se comenzaron a publicar documentos clave sobre prevención, intervención y posvención en conducta suicida. Siguiendo el programa *SUPRE*, son las instituciones gubernamentales, fundaciones y organizaciones especializadas las responsables de sensibilizar a la población sobre esta problemática, convirtiendo el suicidio en una prioridad de salud pública similar a las acciones desarrolladas en cuanto a los accidentes de tráfico, que han visto reducidas sus cifras gracias a campañas sostenidas y estrategias comunicativas efectivas. Es preciso adaptar la legislación a las necesidades actuales y definir un plan de comunicación nacional con los recursos económicos adecuados.

A pesar de las consideraciones previas, no fue hasta el año 2012 cuando la OMS editó una guía para el diseño de estrategias nacionales de prevención del suicidio, aunque disponible solo en inglés. Esta guía proporciona recursos para ayudar a los gobiernos a desarrollar e implementar estrategias de prevención del suicidio y apoyar a aquellos que ya han comenzado este proceso. Basada en 15 años de evidencia desde la publicación de las directrices de la ONU, la guía detalla los procesos para desarrollar una estrategia nacional y los elementos críticos de un marco para la acción en salud pública. Las directrices de la ONU, publicadas previamente, ya proporcionaban un marco general para la prevención del suicidio, centrándose en políticas de salud pública, sensibilización social, reducción del estigma y mejora del acceso a los servicios de salud mental, destacando la necesidad de una respuesta coordinada a nivel nacional.

Figura 8. Guía para el diseño de estrategias nacionales de prevención del suicidio editada por la OMS

En cuanto a esto, el informe de la OMS, publicado en 2014, *Prevenir el suicidio: un imperativo global*, fue el primero de su tipo y sus objetivos has sido: aumentar la conciencia sobre el impacto en la salud pública del suicidio y los intentos de suicidio, priorizar su prevención a nivel global y alentar a los países a desarrollar estrategias de prevención del suicidio integrales y multisectoriales. Mediante el informe se ofrece una base de conocimientos globales sobre el suicidio y los intentos de suicidio, así como pasos y acciones para que los países, según sus recursos y contextos actuales, avancen en la prevención del suicidio.

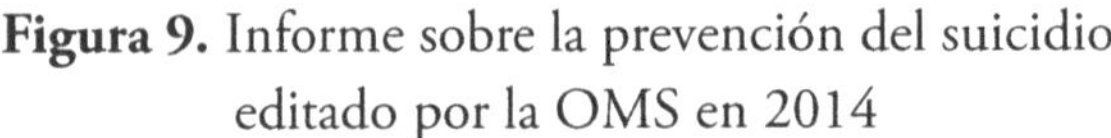
Figura 9. Informe sobre la prevención del suicidio editado por la OMS en 2014

Más recientemente, en el año 2021 la OMS publica la guía "Vivir la vida. Guía de aplicación para la prevención del suicidio en los países". En este documento la OMS insta a diferentes países a adoptar medidas para prevenir el suicidio, preferentemente mediante una estrategia nacional integral. La OMS también ha lanzado la iniciativa "LIVE LIFE", que sirve como punto de partida para desarrollar una estrategia nacional completa de prevención del suicidio. Esta se trata de una guía de implementación para la prevención de la conducta suicida, que se centra en intervenciones clave como: limitar el acceso a medios de suicidio, interactuar responsablemente con los medios de comunicación, fomentar habilidades socioemocionales en la adolescencia y proporcionar una identificación y seguimiento temprano de personas en riesgo.

Figura 10. Guía aplicada para la prevención del suicidio editada por la OMS en el año 2021

Si atendemos al contexto europeo, en cuanto a las medidas y directrices de la Unión Europea, el Plan de Acción de Salud Mental de Europa 2013-2020 ha incorporado como objetivo la reducción de las tasas de suicidio mediante estrategias basadas en evidencia, combinando enfoques universales y dirigidos a grupos en situación de vulnerabilidad. Este plan promueve el desarrollo de estrategias nacionales de prevención del suicidio, destacando la colaboración entre gobiernos, organizaciones de salud y también en la sociedad civil. Otros proyectos, como el "Proyecto Europeo contra la Depresión", abordan la depresión y el suicidio a través de iniciativas de salud mental integrales en toda la región.

En el informe "Health at a Glance: Europe 2022" de la Organización para la Cooperación y el Desarrollo Económico (OCDE) se revela que casi la mitad de las personas jóvenes europeas tiene necesidades de salud mental no atendidas y que la proporción de jóvenes con síntomas de depresión se ha más que duplicado desde el inicio de la pandemia. Este informe subraya la urgencia de abordar la salud mental en la UE, como también lo indicó el subgrupo de salud mental, dentro del grupo e personas expertas de Salud Pública de la Comisión Europea en febrero de 2023, destacando la promoción y prevención de problemas de salud mental y la mejora del acceso al tratamiento.

En el "Marco de Acción Europeo para la Salud Mental" de la OMS (EFAMH) se establece una base coherente para intensificar los esfuerzos de cara a integrar, promover y proteger el bienestar mental como parte fundamental de la respuesta y recuperación ante la COVID-19. Además, busca contrarrestar el estigma y la discriminación asociados con las condiciones de salud mental y abogar por la inversión en servicios de salud mental accesibles y de alta calidad.

Figura 11. Marco de Acción Europeo para la Salud Mental (2021-2025)

Entre las diversas políticas y programas, en la UE se destaca el Plan de trabajo anual del tercer Programa de Salud para 2020, que se enfoca en reforzar los servicios comunitarios, un programa nacional de prevención del suicidio y un programa de intervención para combatir la depresión. Aunque el programa UEproSalud 2021-2027 ha movilizado 9 millones de euros para apoyar la salud mental, no está incluido dentro de este plan específico, ya que depende del Plan Europeo de Recuperación (Next Generation EU) y tiene como objetivo fortalecer los sistemas de salud ante crisis sanitarias como la pandemia de COVID-19.

Figura 12. Programa UEproSalud (2021-2027)

La iniciativa "Más sanos juntos", lanzada en 2022, busca reducir la prevalencia de enfermedades no transmisibles y mejorar la salud y el bienestar. Además, durante el año 2023, la Comisión Europea (CE), ha trabajado en una comunicación sobre un enfoque integral de la salud mental, que incluye la promoción, detección precoz, acciones para abordar riesgos psicosociales en el trabajo, y la mejora del acceso al tratamiento y la atención a problemas de salud mental. En ese año la CE introdujo una nueva estrategia integral que incluye 20 iniciativas clave y una financiación de 1,23 mil millones de euros. Esta estrategia se centra en tres principios: prevención adecuada y efectiva, acceso a servicios de salud mental de alta calidad y asequibles, y reincorporación en la sociedad tras la recuperación. Entre las acciones concretas se encuentran la promoción de la salud mental, la prevención temprana, la capacitación y formación de profesionales, y la protección de la infancia y juventud en situaciones vulnerables. Además, se están llevando a cabo proyectos específicos como la iniciativa *iFightDepression* para la gestión de la depresión leve a moderada.

En cuanto al Trabajo Social se destaca el proyecto *EU-PROMENS*, que ofrece formación multidisciplinaria en salud mental para profesionales de la salud, educación y Trabajo Social. El proyecto pretende mejorar las capacidades de los profesionales sanitarios en toda Europa. Se incluye formación multidisciplinar en salud mental y un programa de intercambio profesional, con talleres y visitas de intercambio en 27 países de la UE, así como Noruega, Islandia y Ucrania, involucrando a más de 3.600 participantes en talleres y 900 en intercambios. También se han implementado programas para combatir el estigma y la discriminación asociados con la salud mental.

En España, y bajo la premisa fundamental de que el suicidio se puede prevenir, se ha desarrollado la "Guía de Práctica Clínica de Prevención y Tratamiento de la Conducta Suicida" del Ministerio de Sanidad, que desarrolla sus recomendaciones y estrategias. Este documento no solo proporciona una comprensión exhaustiva del fenómeno del suicidio, sino que también ofrece una serie de intervenciones basadas en la evidencia para abordar y reducir su incidencia. La guía subraya la importancia de la colaboración multisectorial, la sensibilización comunitaria y la formación de profesionales de la salud para detectar y tratar a tiempo los comportamientos suicidas, destacando que cada esfuerzo puede marcar la diferencia en salvar vidas.

Figura 13. Guía de Práctica Clínica de Prevención y Tratamiento de la Conducta Suicida del Ministerio de Sanidad de España

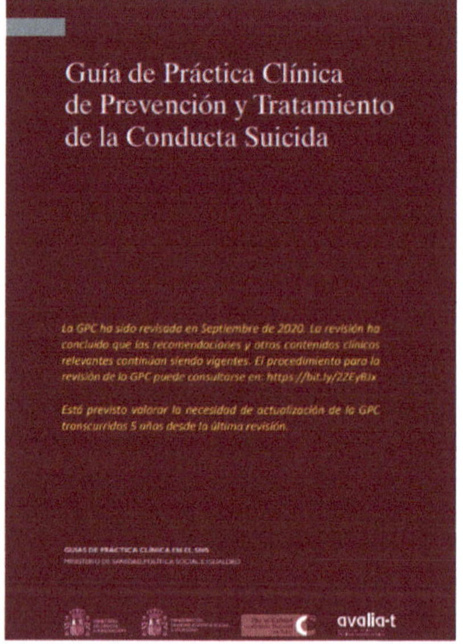

A este mismo respecto la Confederación de Salud mental de España ha insistido en la necesidad de elaborar un Plan Nacional para la Prevención del Suicidio, especialmente en el contexto posterior a la crisis provocada por el COVID-19. La crisis ha intensificado los factores desencadenantes, afectando a un amplio porcentaje de la población. Por ello, se estima crucial y urgente contar con una estrategia nacional de prevención del suicidio, que proteja y cuide la salud mental y las vidas de las personas, especialmente las que se encuentran en situaciones más vulnerables. Las estrategias en centros educativos, lugares de trabajo, comunidades y atención primaria, junto con la restricción de acceso a métodos letales, pueden reducir la incidencia de suicidio.

PREVENCIÓN DEL SUICIDIO: UNIVERSAL, SELECTIVA E INDICADA

En términos globales se ha de considerar que la promoción de la salud mental a nivel universal y selectivo es fundamental para la prevención del suicidio, ya que aumenta los factores protectores y reduce el estigma. Acciones como programas de bienestar emocional en colegios y campañas de sensibilización pública pueden ser efectivas. Además, proporcionar ayuda telefónica y online es crucial, especialmente con la línea 024 en España, que facilita el acceso a la ayuda de personas en riesgo, permitiendo el anonimato y la recepción de información adaptada. Otra estrategia clave es la formación de profesionales de la salud, educación, gerontología, prisiones, y medios de comunicación. Programas específicos para grupos vulnerables, como LGBTIQ+ y minorías étnicas, aumentan la resiliencia y la inclusión. También es vital la atención a personas con alto riesgo, como aquellos con intentos de suicidio previos, mediante un seguimiento continuo. La restricción del acceso a métodos letales, como armas de fuego y pesticidas, ha demostrado también ser una estrategia eficaz.

La prevención del suicidio ha evolucionado desde el modelo tradicional de prevención primaria, secundaria y terciaria hacia un enfoque más contemporáneo y relevante en el contexto biopsicosocial. Este nuevo enfoque, desarrollado por el Instituto de Medicina de Washington en 1994, categoriza las acciones preventivas según el riesgo en diferentes grupos poblacionales.

Figura 14. Modelo tradicional de prevención ante la conducta suicida

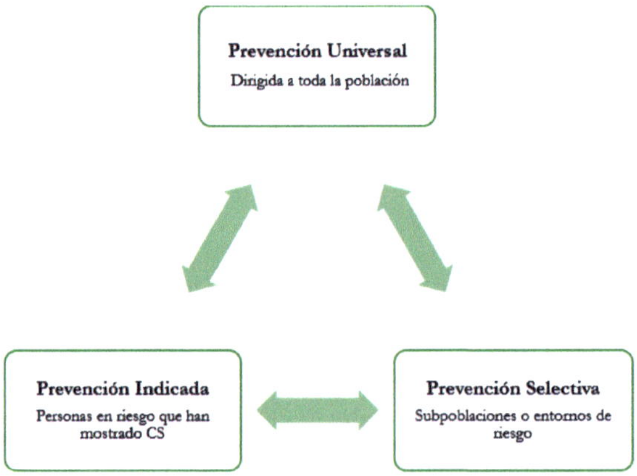

Prevención Universal
Dirigida a toda la población

Prevención Indicada
Personas en riesgo que han mostrado CS

Prevención Selectiva
Subpoblaciones o entornos de riesgo

Prevención universal

La prevención universal se dirige a toda la población con el objetivo de aumentar los factores protectores y reducir los factores de riesgo asociados con el suicidio. Estas intervenciones incluyen la implementación de normativas sanitarias, como la limitación del número de comprimidos por envase de ciertos fármacos y la restricción de la posesión de armas de fuego. Estas medidas son cruciales para dificultar el acceso a medios letales, reduciendo así la posibilidad de suicidios impulsivos.

Además, en el marco de esta tipología de prevención, se llevan a cabo campañas de concienciación sobre el suicidio en medios de comunicación, con el fin de educar al público sobre los signos de alerta y la importancia de buscar ayuda. Estas campañas no solo aumentan la conciencia pública, sino que también contribuyen a disminuir el estigma social asociado a los problemas de salud mental, facilitando que las personas en riesgo busquen apoyo.

La promoción de intervenciones en entornos específicos, como centros educativos y lugares de trabajo, es otra componente esencial de la prevención universal. En los centros educativos, se pueden implementar programas de educación sobre salud mental y habilidades para la vida que enseñen al alumnado a manejar el estrés y las emociones de manera saludable. En los lugares de trabajo, se pueden ofrecer talleres y recursos para la gestión del estrés y el bienestar mental de las personas empleadas, creando un entorno de apoyo que promueva la salud mental y prevenga el suicidio.

Asimismo, la prevención universal incluye la creación de redes de apoyo comunitarias y la promoción de actividades que fortalezcan la cohesión social. Estas redes pueden ofrecer espacios seguros donde las personas puedan compartir sus experiencias y recibir apoyo emocional. La cohesión social y el sentido de pertenencia, como se ha apuntado con anterioridad, son factores protectores importantes que pueden reducir el riesgo de suicidio.

Prevención selectiva

La prevención selectiva se enfoca en subgrupos específicos de la población que presentan un riesgo significativamente superior al de la población general. Estos subgrupos pueden estar definidos por diversas características, tales como el entorno, la edad, los antecedentes familiares o ciertas condiciones de vida. La identificación de estos grupos vulnerables permite diseñar y aplicar intervenciones más específicas y efectivas. Los subgrupos en riesgo incluyen, pero no se limitan, a personas con patologías mentales, personal militar, personas que han experimentado separaciones traumáticas, jóvenes LGBTIQ+, personas que han sido víctimas de acoso escolar o laboral, y aquellos que viven en condiciones de aislamiento social. Cabe indicar que cada uno de estos grupos enfrenta factores de riesgo particulares que pueden aumentar su vulnerabilidad al suicidio.

La prevención selectiva del suicidio incluye la identificación temprana de los signos y síntomas de los trastornos mentales y el riesgo de suicidio, proporcionando intervenciones iniciales efectivas que se han de referir y derivar a servicios especializados cuando sea necesario. Complementando estas intervenciones individuales, se desarrollan programas comunitarios que abordan los factores de riesgo específicos de cada grupo. Estos programas pueden incluir talleres y seminarios sobre la gestión del estrés, la comunicación efectiva y el desarrollo de habilidades de afrontamiento, así como la creación de redes de apoyo comunitario que conecten a las personas en riesgo con recursos y servicios disponibles en su comunidad.

Prevención indicada

La prevención indicada se enfoca en personas que ya presentan síntomas que las sitúan en riesgo de suicidio, interviniendo de manera directa y específica con aquellas personas que muestran signos claros de peligro inminente. Las estrategias incluyen un seguimiento de salud mental intensivo para individuos con condiciones como depresión, trastorno bipolar o esquizofrenia, así como para aquellos con intentos de suicidio previos. Estas intervenciones han de ser altamente personalizadas, ajustándose a las necesidades de cada persona. Se ha de seguir un enfoque integral, que permita intervenciones más completas y efectivas, adaptado a las características específicas de la persona. El seguimiento continuo es esencial en la prevención indicada, implicando citas regulares con profesionales de salud mental y la monitorización de cualquier cambio en el estado emocional o comportamiento del paciente. También se puede involucrar a la familia y amistades, educándolos sobre cómo apoyar a la persona en riesgo y cómo identificar señales de alarma. Las intervenciones comunitarias pueden proporcionar recursos adicionales y conectar a los pacientes con grupos de apoyo locales. En conjunto, estas estrategias buscan estabilizar la situación de la persona y prevenir futuros intentos de suicidio, ofreciendo un soporte integral a nivel individual, familiar y comunitario.

PREVENCIÓN DEL SUICIDIO: PRIMARIA, SECUNDARIA Y TERCIARIA

La prevención del suicidio puede dividirse en estrategias de prevención primaria, secundaria y terciaria, una clasificación promovida por diversas organizaciones de salud pública, particularmente la OMS, y refinada por académicos como Hugh Leavell y Edwin Gurney Clark en la década de 1940. Aunque este modelo ha sido mejorado con el tiempo, sigue siendo ampliamente utilizado por algunas instituciones y administraciones públicas. Seguidamente pasa a concretarse esta taxonomía confrontándola con la previamente explicada y significando aquellos elementos característicos de cada una de ellas.

Prevención Primaria

La prevención primaria y la prevención universal son enfoques relacionados en la prevención del suicidio, pero con diferencias clave en su aplicación. La prevención primaria se enfoca en evitar que el suicidio ocurra desde un principio, abordando los factores de riesgo antes de que se manifiesten. Esto se logra a través de programas que sensibilizan sobre la salud mental, promueven hábitos saludables y crean entornos de apoyo tanto en las escuelas como en las familias. Estas estrategias están dirigidas a toda la población, así como a grupos específicos en mayor riesgo, con el objetivo de fortalecer la resiliencia individual y prevenir la aparición de problemas que puedan llevar al suicidio.

Por otro lado, la prevención universal se aplica a toda la población, sin distinguir entre niveles de riesgo. Su propósito es reducir el riesgo de suicidio a nivel general, mediante intervenciones que beneficien a toda la sociedad. Esto incluye campañas de concienciación pública, la promoción de la salud mental en comunidades, y la implementación de políticas que limiten el acceso a métodos letales. Así, mientras la prevención primaria actúa en etapas tempranas y se enfoca en evitar el desarrollo de factores de riesgo, la prevención universal busca disminuir el riesgo de suicidio en la sociedad en su conjunto, independientemente del riesgo individual.

Prevención secundaria

La prevención secundaria y la prevención selectiva comparten el objetivo de intervenir en personas en riesgo, pero se diferencian en su enfoque y en la población a la que se dirigen. La prevención secundaria se centra en identificar y tratar a personas que ya han mostrado algún grado de riesgo o síntomas asociados con el suicidio, antes de que la situación se agrave. Esto se logra mediante la detección temprana a través de herramientas de evaluación, como cuestionarios y entrevistas clínicas, y se lleva a cabo en entornos como escuelas, centros de salud y comunidades. Además, incluye la capacitación de profesionales y miembros de la comunidad para que actúen como "guardianes comunitarios", capaces de reconocer los signos y síntomas de riesgo y proporcionar apoyo inmediato. La prevención secundaria también abarca servicios de intervención rápida, como líneas de ayuda y programas de intervención en crisis, para responder a señales de advertencia de suicidio.

Sin embargo, la prevención selectiva se dirige específicamente a grupos o individuos que, aunque no hayan mostrado signos evidentes de suicidio, están en mayor riesgo debido a factores como antecedentes familiares de suicidio, enfermedades mentales, abuso de sustancias o situaciones de vida estresantes. Mientras la prevención secundaria se centra en la detección y tratamiento de individuos que ya presentan algún riesgo de suicidio, la prevención selectiva se enfoca en intervenir preventivamente en grupos que, debido a sus características o circunstancias, están en mayor riesgo de desarrollar conductas suicidas.

Prevención terciaria

La prevención terciaria se enfoca en evitar la repetición de intentos suicidas y en mitigar el impacto del suicidio en aquellas personas que ya han experimentado un intento de suicidio o han sido afectados por el suicidio de un ser querido. Este enfoque incluye el tratamiento y la rehabilitación de los trastornos mentales y problemas sociales subyacentes, así como un apoyo intensivo y continuo para los supervivientes de intentos suicidas. Así, la prevención terciaria también involucra a la familia y a la comunidad en el proceso de recuperación, con programas de seguimiento y rehabilitación que buscan prevenir futuros intentos y ayudar a las personas a reincorporarse a la sociedad. Además, comprende el proporcionar apoyo emocional y social a las familias y amigos de las personas que han fallecido por suicidio, abordando el trauma y facilitando la recuperación comunitaria. Pero mientras la prevención terciaria se centra en la recuperación y en evitar la repetición de intentos en personas que ya han pasado por un intento de suicidio o han sido afectadas por uno, la prevención indicada interviene de manera preventiva en personas que muestran señales claras de riesgo, pero que no han llegado a la conducta suicida.

PREVENCIÓN, COMUNICACIÓN SOBRE LA CONDUCTA SUICIDA Y ESTIGMATIZACIÓN

Impacto de la comunicación en la prevención y estigma

Tal y como se ha adelantado en apartados previos, la sociedad a menudo evita hablar del suicidio debido al estigma y la incomprensión que lo rodea, agravando su condición de tabú. Sin embargo, este silencio incrementa mitos y falsas creencias, dificultando la prevención y disuadiendo de buscar ayuda a quienes piensan en quitarse la vida. El estigma asociado con el suicidio y los intentos de suicidio está vinculado con una menor divulgación de historias personales o familiares de comportamiento suicida. Es apremiante reconocer el suicidio como un problema de salud pública urgente y crear conciencia para derribar barreras sociales y promover su prevención. Los medios de comunicación deben desempeñar un papel clave en la normalización del fenómeno, enfocándose en una estrategia innovadora e integral dirigida a toda la población.

Aunque algunos países tienen iniciativas de salud pública dirigidas a romper el estigma asociado con los problemas de salud mental, el estigma percibido sobre el suicidio sigue siendo un obstáculo para la búsqueda de ayuda, y, por lo tanto, sigue constituyendo un objetivo importante para iniciativas de salud pública que buscan reducir las tasas de suicidio. En términos globales, la ausencia de campañas institucionales de prevención del suicidio subraya el estigma que rodea a este fenómeno. Además, los medios de comunicación tienden a representar el suicidio como un suceso individual y anecdótico, lo que puede transformarse en morbosidad. Sobre esto se ha de recordar que la evidencia científica subraya la importancia de una comunicación responsable sobre el suicidio (si bien no de las herramientas y métodos a través de los que se materializa), ya que puede tener un efecto preventivo o, por el contrario, desencadenar un efecto contagio. De esta forma, la cobertura responsable del suicidio puede tener efectos protectores, según la teoría del "Efecto Papageno", que contrasta con el "Efecto Werther", el cual sugiere que la cobertura sensacionalista puede inducir a imitaciones. La tipificación de este último efecto se basa en la novela "Las penas del joven Werther" de Goethe, en la que se describe cómo la comunicación idealizada o sensacionalista del suicidio puede llevar a conductas imitativas entre personas socialmente vulneradas. Este fenómeno ha sido confirmado por diferentes investigaciones, entre ellas las del sociólogo David Phillips, que demostraron un aumento de incidencia tras la publicación de noticias sensacionalistas sobre suicidios en medios de comunicación de masas. En contraste, el efecto Papageno, inspirado en un personaje de "La Flauta Mágica" de Mozart, destaca el impacto positivo de la difusión de historias de personas que han superado pensamientos suicidas. Este tipo de comunicación puede ofrecer esperanza y alternativas para enfrentar problemas, demostrando que la superación es posible.

La evidencia científica destaca varios factores clave en la imitación de comportamientos suicidas. En primer lugar, el riesgo de imitación es significativamente mayor cuando el suicidio involucra a personas famosas, con un impacto aún más pronunciado si la persona es una mujer. Este fenómeno es especialmente prevalente entre las personas más jóvenes y aquellos que padecen trastornos depresivos, quienes son más susceptibles a las influencias externas y pueden encontrar en estas figuras públicas una forma de validación de sus propios pensamientos suicidas. Además, la probabilidad de imitación aumenta cuando existe un proceso de identificación con la persona fallecida, ya sea por compartir el mismo género, edad u otras características personales. Este sentimiento de conexión podría llevar a la persona en situación de vulnerabilidad, conjuntamente con otros factores, a identificar el suicidio como una opción viable para enfrentar sus propios problemas.

Si una persona en situación de vulnerabilidad con ideas suicidas percibe que el método utilizado por alguien que se ha suicidado es efectivo, existe una alta probabilidad de que intente imitar esa conducta, con la misma herramienta o método. Este comportamiento es particularmente peligroso y subraya la importancia de una comunicación responsable sobre el suicidio, con la finalidad de prevenir el efecto contagio y promover el "Efecto Papageno". Por todo ello resulta esencial evitar el sensacionalismo en la cobertura de noticias sobre suicidios y, en su lugar, fomentar la empatía y la difusión de historias de superación y resiliencia. Esto no ha de pesar sobre el valor y la necesidad de comunicar de manera responsable.

Objetivos y estrategias de las campañas de prevención

En cuanto a las campañas de prevención, el objetivo principal debe ser escuchar a las personas, ya que esto reduce la probabilidad de que cometan un acto suicida. Además, la estrategia debe centrarse en visibilizar, sensibilizar y educar a la sociedad, a las personas afectadas, a sobrevivientes y supervivientes, promoviendo una transformación gradual y colectiva en el sistema, que ha de estar coordinada desde la administración central con los gobiernos autonómicos. Las acciones comunicativas deben perseguir tres objetivos principales: 1) Visibilidad del problema; 2) Sensibilización de la población; 3) Formación sobre cómo afrontarlo.

Es asimismo fundamental colaborar con medios de comunicación, asociaciones, fundaciones y gobiernos para dar visibilidad a las personas afectadas, utilizando términos adecuados y normalizando un sufrimiento silenciado. De esta manera se estima crucial equilibrar adecuadamente la dimensión racional y emocional en las comunicaciones, evitando el abuso de la emotividad. Basándonos en el "Efecto Papageno", debemos normalizar y disminuir la conducta mediante la comunicación y el diálogo eficaz. Es alentador observar que algunos estudios ya se están enfocando en los factores de protección, los cuales ayudan a mitigar el impacto psicosocial de los factores de riesgo. Aunque estos factores de protección parecen estar relacionados entre sí, la investigación sugiere que cada uno de ellos influye de manera independiente en la capacidad resiliente ante la conducta suicida. Por ejemplo, el optimismo trata de centrar la atención en la posibilidad de resultados positivos y desempeña un papel importante en el comportamiento dirigido a un propósito. La esperanza, por otro lado, es prioritaria para afrontar situaciones estructurales que no pueden modificarse, disminuyendo la ansiedad y modificando estados de depresión. Estos factores de protección parecen ofrecer una barrera contra las lesiones y tentativas suicidas, especialmente en la adolescencia, promoviendo una visión más positiva y esperanzadora del futuro.

CAMPAÑAS DE PREVENCIÓN DEL SUICIDIO A NIVEL INTERNACIONAL Y EN ESPAÑA

Campañas y estrategias de prevención del suicidio a nivel internacional

A nivel internacional, países como Austria, Escocia, Reino Unido, Rumanía, Singapur, Corea del Sur y Australia, entre otros, han desarrollado campañas efectivas de prevención del suicidio. Campañas que se fundamentan en estrategias de comunicación abiertas, adaptadas a los contextos culturales específicos de cada país y dirigidas a diversos públicos. Tal y como se ha apuntado, la comunicación responsable y la concienciación pública son herramientas clave para la prevención del suicidio y estas campañas han demostrado ser eficaces en la reducción de las tasas de suicidio.

Se han de destacar algunas de las mejores campañas de prevención del suicidio a nivel mundial, que incluyen la "Creating Hope Through Action", organizada por la *Asociación Internacional para la Prevención del Suicidio* (IASP) y respaldada por la OMS. Esta campaña, de carácter periódico, se celebra anualmente el 10 de septiembre como parte del Día Mundial de la Prevención del Suicidio, y busca aumentar la concienciación sobre el suicidio, promover la colaboración entre las partes interesadas y fomentar el autoempoderamiento para abordar las autolesiones y el suicidio mediante acciones preventivas. La iniciativa "Talk Away the Dark", ha sido lanzada por la *Fundación Americana para la Prevención del Suicidio* (AFSP) en 2023, tiene como objetivo fomentar conversaciones directas sobre el suicidio para salvar vidas, enseñando a las personas cómo identificar signos de ideación suicida y cómo iniciar conversaciones cruciales sobre el tema. La campaña #ZeroSuicideLDN, llevada a cabo en la ciudad de Londres, en colaboración con el gobierno local y el sistema nacional de salud, se centra en mejorar el apoyo a las personas que contemplan el suicidio mediante la promoción de formación gratuita en prevención del suicidio. La iniciativa ha capacitado a más de 350.000 londinenses para reconocer y actuar sobre los signos de crisis suicida, especialmente en el contexto del aumento de coste de vida.

Estos esfuerzos internacionales subrayan la necesidad de una acción coordinada y multisectorial para abordar el suicidio, que ha de adaptarse a los contextos culturales y necesidades específicas de cada región. Cabe destacar que las campañas efectivas combinan estrategias de concienciación pública con intervenciones directas y soporte continuo para aquellas personas o grupos poblacionales en riesgo.

Campañas y estrategias de prevención del suicidio en España

El abordaje del suicidio en España presenta varios desafíos y carencias significativas. A nivel nacional, no existe un plan específico de prevención del suicidio, con la excepción del contextualizado en las instituciones penitenciarias. Como se ha comentado, aunque el Sistema Nacional de Salud cuenta con una Estrategia en Salud Mental, esta no incluye un apartado dedicado exclusivamente a la prevención del suicidio. En 2014, la Comisión de Sanidad y Servicios Sociales del Congreso de los Diputados aprobó una proposición no de ley para desarrollar un Plan Nacional de Prevención del Suicidio, pero hasta la fecha no se ha llegado a tramitar. En España, y con motivo del Día Mundial para la Prevención del Suicidio el 10 de septiembre de 2020, la Confederación Salud Mental de España lanzó la campaña #ConectaConLaVida2020, campaña que incluyó recomendaciones y reivindicaciones políticas, destacando la urgencia de un Plan Nacional para la Prevención del Suicidio, especialmente debido a los efectos de la pandemia. La iniciativa enfatizó la necesidad de formar a profesionales de salud, crear campañas de sensibilización y promover la educación emocional desde la infancia. La campaña también buscó desestigmatizar el suicidio mediante vídeos con testimonios de personas con experiencia en salud mental, proporcionando herramientas para abordar la ideación suicida.

En España, las iniciativas de prevención del suicidio se llevan a cabo principalmente a nivel autonómico y local, en el marco de las competencias transferidas, pero también debido a la ausencia de un plan estatal unificado. Entre las campañas destacadas, la Fundación Española para la Prevención del Suicidio promueve el programa "Prevensuic. Hablar es prevenir", que abarca divulgación, formación de profesionales, desarrollo de herramientas de prevención y ayuda en la posvención. Este programa incluye cursos especializados y recursos en línea para personas en riesgo, sus familias y profesionales sanitarios.

Figura 15. Programa "Prevensuic. Hablar es prevenir" de la Fundación Española para la Prevención del Suicidio

Las comunidades autónomas han desarrollado iniciativas heterogéneas siguiendo las recomendaciones de la OMS, lo que ha llevado a una respuesta fragmentada y desigual en el país. Y, aunque son escasas, existen algunas campañas de prevención del suicidio en España, principalmente a nivel autonómico y también local. La Comunidad Valenciana destaca por su estrategia de comunicación integral, mientras que otras comunidades como Galicia, Castilla-La Mancha y Murcia también han implementado programas de prevención del suicidio. Estas iniciativas buscan sensibilizar a la población y reducir las tasas de suicidio mediante la educación y la promoción de la salud mental. A continuación, se presentan dos ejemplos representativos de anuncios utilizados en campañas publicitarias. El primero corresponde a la campaña “Rompamos el silencio, hablemos del suicidio”, lanzada en 2021 en la Comunidad Valenciana. Seguidamente, se introduce la campaña divulgativa dirigida a la población joven, llevada a cabo en la Región de Murcia en 2022.

Figura 16. Campaña de prevención del suicidio impulsada por la Comunidad de Valencia

Figura 17. Campaña de prevención del suicidio juvenil en la Región de Murcia

Otro ejemplo destacable es el de la Comunidad de Madrid, que ha implementado una guía para la prevención del suicidio en la adolescencia, distribuyendo 5.400 ejemplares en centros de salud, hospitales, institutos y bibliotecas públicas. Además, Madrid ha establecido 21 equipos especializados en prevención del suicidio en la red pública de hospitales, con un total de 370 profesionales dedicados a esta labor. Como se refleja en el siguiente apartado, otras comunidades como Galicia, Castilla-La Mancha, Extremadura y Cataluña también han desarrollado sus propios planes y protocolos de prevención.

ACCIONES PREVENTIVAS EN EL ÁMBITO EDUCATIVO POR PARTE DE LAS DISTINTAS COMUNIDADES AUTÓNOMAS

En 2021, el Gobierno de España aprobó la Ley Orgánica 8/2021 de protección integral a la infancia y la adolescencia frente a la violencia, en la que se indica que las comunidades autónomas deben aprobar protocolos de actuación para prevenir el suicidio y la autolesión en el ámbito escolar. Desde entonces, las 17 comunidades autónomas, junto con el Ministerio con competencias en materias de Educación, que actúa como administración educativa en Ceuta y Melilla, han estado desarrollando y publicando sus respectivas guías. Estos protocolos y guías incluyen medidas específicas para la detección y prevención de conductas suicidas entre los estudiantes, así como la capacitación de docentes y el apoyo psicosocial necesario.

Ejemplos de estos protocolos incluyen la guía de la Comunidad de Madrid, que cuenta con un equipo especializado para asesorar a los docentes y coordinar la intervención con las familias, y la de Extremadura, que se centra en desmontar mitos sobre el suicidio y fomentar la comunicación abierta sobre pensamientos suicidas. En Aragón, se han introducido figuras de apoyo como los “alumnos ayudantes” y “ciberayudantes” con la finalidad de detectar situaciones de riesgo, mientras que en la Comunidad Valenciana se han implementado talleres impartidos por psicólogos/as clínicos/as dirigidos a alumnado de secundaria. Sin embargo, estos protocolos son recientes y su impacto aún no ha sido evaluado de manera exhaustiva. Personas expertas advierten que, aunque útiles, estas medidas no son suficientes para abordar completamente la magnitud del problema, que ha aumentado desde la pandemia. La falta de recursos y personal especializado es un problema persistente, ya que el personal docente a menudo se encuentra con sobrecarga, no pudiendo asumir las intervenciones necesarias. Para que estos protocolos sean efectivos, es crucial dotarlos de medios adecuados y personal especializado, incluyendo equipos de Psicología y orientación enfocados en la salud mental y no solo en la orientación académica.

Tabla 7. Protocolos y documentos de referencia ante la conducta suicida en el ámbito educativo de las distintas comunidades autónomas

Comunidad autónoma	Protocolo o documento de referencia	Año
Andalucía	*Guía para la prevención del riesgo de conductas suicidas y autolesiones del alumnado*	2023
Aragón	*Prevención, detección e intervención en casos de ideación suicida en el ámbito educativo*	2021
Principado de Asturias	*Promoción del Bienestar, Prevención, Detección e Intervención ante la conducta suicida. Guía*	2021
Illes Balears	*Guía para la prevención y el primer abordaje de la conducta suicida en los centros educativos de las Islas Baleares*	2023
Canarias	En elaboración	En elaboración
Cantabria	En elaboración	En elaboración
Castilla-La Mancha	*Guía para la prevención de la conducta suicida Castilla-La Mancha. Dirigida a docentes*	2020
Castilla y León	*Guía de prevención, detección y derivación en casos de ideación suicida en el ámbito educativo*	2022
Cataluña	*Guia per a l'abordatge de la conducta suïcida i de les autolesions no suïcides en el centre educatiu*	2022
Extremadura	*Guía de prevención en intervención de la conducta suicida en el ámbito educativo*	2020
Galicia	*Protocolo de prevención e actuación nos ámbitos sanitario e educativo ante o risco suicida infanto-xuvenil*	2022
Comunidad de Madrid	*Guía sobre prevención del suicidio en adolescentes dirigida a familias y educadores*	2024
Región de Murcia	*Guía de prevención del suicidio. Actuaciones en Centros Educativos*	2022
Comunidad Foral de Navarra	*Protocolo de colaboración institucional de prevención y actuación ante conductas suicidas. Gobierno de Navarra, 2014.*	2014

Comunidad autónoma	Protocolo o documento de referencia	Año
País Vasco	*Estrategia de Prevención, Intervención y Posvención de la Conducta Suicida en el Ámbito Educativo*	2023
La Rioja	*Protocolo para la prevención, detección e intervención de la conducta suicida en los centros sostenidos con fondos públicos de la Comunidad Autónoma de La Rioja*	2023
Comunitat Valenciana	*Prevención del suicidio. Guía informativa para el ámbito escolar.*	2018

INTERVENCIÓN

ESTRATEGIAS DE INTERVENCIÓN POR PARTE DE LAS DISTINTAS COMUNIDADES AUTÓNOMAS

Las comunidades autónomas en España han desarrollado distintas respuestas institucionales para la prevención del suicidio dentro de sus respectivos planes de salud mental y estrategias de prevención específicas. Algunas comunidades, como Andalucía y Castilla y León, han participado en proyectos europeos como *EUREGENAS*, que refuerzan la cooperación internacional en la prevención del suicidio. Otras, como Aragón y Asturias, han implementado estrategias a nivel local, enfocadas en la detección temprana y el seguimiento de personas en riesgo. Por su parte, comunidades como Canarias y Cantabria han integrado la prevención de la conducta suicida dentro de sus planes de salud mental, mientras que otras, como Cataluña, han desarrollado códigos de riesgo específicos para unificar la atención. Existen diferencias territoriales significativas en cuanto a los enfoques, recursos y prioridades, destacando la necesidad de adaptar estas medidas a las realidades sociales y sanitarias de cada región, lo que se refleja en la diversidad en la gestión y atención a la conducta suicida.

Tabla 8. Respuestas institucionales de las distintas comunidades autónomas ante la conducta suicida

Comunidad Autónoma	Respuesta Institucional
Andalucía	Ha participado en el Proyecto Europeo "European Regions Enforcing Actions Against Suicide" (EUREGENAS). Ha creado una Red Local de Prevención del Suicidio y formación para profesionales de atención primaria del SAS. Desarrollo de directrices generales, éticas y herramientas para la prevención del suicidio. Cuenta con un catálogo de recursos y herramientas para facilitadores de grupos de apoyo para supervivientes de suicidio.
Aragón	Desde 2020 incluyen un Documento Marco para desarrollar estrategias de prevención. La estrategia de prevención en desarrollo pone el foco en la detección y seguimiento de pacientes en riesgo.
Principado de Asturias	Ha participado en el Proyecto Europeo SEYLE (Saving and Empowering Young Lives in Europe) en colaboración con el Instituto Karolinska de Suecia. Cuenta con Protocolo de detección y manejo de riesgo en personas con ideación suicida desde 2018. Ha generado un abordaje terapéutico multidisciplinar y seguimiento de pacientes.
Illes Balears	En el año 2022 ha establecido un Plan de Prevención de Suicidio con una estrategia de prevención a diferentes niveles: universal, selectiva, indicada y posvención. Este plan propone 72 medidas. Colabora con asociaciones de supervivientes.
Canarias	Cuenta con el Plan de Salud Mental de Canarias 2019-2023, que incluye una línea estratégica de prevención en el Plan de Salud Mental con objetivos específicos y recolección de información sobre tentativas.
Cantabria	Dispone de un Plan de Salud Mental de Cantabria 2022-2026, en él se estableció la prevención del suicidio como acción prioritaria. Cuenta con un registro sistemático y seguimiento de conductas suicidas.
Castilla-La Mancha	Cuenta con estrategias de prevención desde 2018 dentro del Plan de Salud Mental 2018-2025. Ha desarrollado líneas estratégicas que incluyen generación de conocimiento, intervención en diferentes poblaciones y formación sobre suicidio.

Comunidad Autónoma	Respuesta Institucional
Castilla y León	Ha participado en EUREGENAS, con estudios cualitativos y protocolos de seguimiento de tentativas suicidas. Cuenta con la estrategia de prevención de la conducta suicida 2021-2025. Su estrategia tiene como objetivo reducir la incidencia y prevalencia del suicidio mediante 71 medidas distribuidas en cinco líneas estratégicas: prevención universal, selectiva, indicada, vigilancia epidemiológica e investigación y formación.
Cataluña	Dispone de un Plan de Prevención del Suicidio 2021-2025 con seis líneas estratégicas, incluyendo detección, atención inmediata, apoyo a familiares y profesionales, y seguimiento epidemiológico. Cuenta con el programa EAAD (European Alliance Against Depression) de lucha contra la depresión y prevención del suicidio. En 2012 se funda la asociación DSAS "Después del suicidio" para apoyo a supervivientes. Código Riesgo Suicidio (CRS) para unificar actuaciones y coordinar el proceso de atención.
Extremadura	Ha elaborado un plan de acción para la prevención y abordaje de conductas suicidas desde 2018, con fases de detección, intervención y seguimiento específico a través del Código CSUIC (Código suicidio 2.0). Objetivos que incluyen mejorar la evaluación del riesgo y la información epidemiológica.
Galicia	Ha desarrollado el Plan de Salud Mental de Galicia Poscovid-19 (2020-2024) Cuenta con un Plan de Prevención del Suicidio desde 2017 con siete líneas estratégicas que abarcan la coordinación interinstitucional, sensibilización, formación y posvención.
Comunidad de Madrid	Dispone del Plan de Actuación de Prevención del Suicidio del Ayuntamiento de Madrid 2023-2024, integrado en la Estrategia de Prevención y Promoción de la Salud "Madrid, una Ciudad Saludable 2021-2024", incluye 5 objetivos estratégicos y 19 medidas. Cuentan con estrategias multinivel basadas en la Alianza Europea contra la Depresión. Han desarrollado programas piloto de prevención en hospitales, Código ARSUIC (Atención al Riesgo Suicida) y acciones formativas en Atención Primaria y Servicio de Urgencia Médica de la Comunidad de Madrid (SUMMA).

Comunidad Autónoma	**Respuesta Institucional**
Región de Murcia	Dispone del Plan de Salud Mental 2023-2026. Incluye una línea estratégica para la prevención del suicidio con 13 actuaciones, destaca la detección precoz en colaboración con Atención Primaria, una guía de actuación para pacientes y familias, y la capacitación de profesionales en salud, servicios sociales y educación. Han creado grupos de trabajo para la valoración del riesgo suicida y mejora de la continuidad asistencial. Cuenta con una página web para sensibilización y promoción de la prevención.
Comunidad Foral de Navarra	Dispone de un protocolo de colaboración interinstitucional desde 2014. Cuentan con el Plan de seguimiento telefónico para pacientes en riesgo. Han desarrollado el Plan de Salud Mental de Navarra 2019-2023, que incluye la prevención del suicidio como objetivo, implementando un Código Suicidio para mejorar la identificación y seguimiento de pacientes.
País Vasco	Dispone de la Estrategia de Prevención del Suicidio desde 2019 con enfoque multidisciplinar. La Estrategia de Prevención del Suicidio en País Vasco incluye 9 áreas de actuación y 57 medidas, destacando la creación de un protocolo integrado para profesionales de primera intervención en crisis suicidas y la sistematización de la formación continua. Realizan formación a agentes sociales y programas de cribado y seguimiento.
La Rioja	Cuenta con un plan de prevención de la conducta suicida desde 2017 con intervención sanitaria, educativa y justicia. El plan incluye un teléfono específico de prevención de la conducta suicida gestionado por el Teléfono de la Esperanza, intervención sanitaria, de educación, justicia y forense. Ha desarrollado el IV Plan estratégico de salud mental de la Rioja 2021-2025.
Comunitat Valenciana	Dispone de un plan de prevención del suicidio desde 2017 con estrategias de promoción, detección precoz y desarrollo de una red de atención de calidad.

INTERVENCIÓN DEL TRABAJO SOCIAL EN CONDUCTAS SUICIDAS

La prevalencia del suicidio sugiere que, como profesionales de Trabajo Social, nos toparemos con personas y casos de conducta suicida a lo largo de nuestra trayectoria profesional. En este contexto, el Trabajo Social ha de desempeñar un papel fundamental junto a otras disciplinas, proporcionando apoyo y estrategias efectivas para las personas en riesgo y para su entorno. Para los profesionales de la salud mental, en este caso especialmente para los trabajadores/as sociales, el suicidio de las personas usuarias es una gran preocupación, ya que suelen atender a personas en crisis que pueden ser suicidas. Ya en el año 1978, Gurrister y Kane desafiaron a la profesión del Trabajo Social postulando la necesidad de abordar la falta de atención al suicidio de personas usuarias dentro de la práctica profesional, así como la necesaria formación de la disciplina.

Las profesionales del Trabajo Social, como proveedores principales de servicios sociales, operan en una amplia gama de entornos y están en una posición crucial para intervenir con personas en riesgo de conducta suicida. A pesar de ello, la conducta suicida es más visible para quienes brindan servicios de salud mental, ya que tener un trastorno mental es uno de los mencionados factores de riesgo. Sin embargo, el suicidio impacta tácitamente en todas las áreas de intervención del Trabajo Social. Esto significa que las profesionales del Trabajo Social pueden encontrarse con personas en riesgo de suicidio en una variedad de contextos, incluyendo hospitales, centros educativos, centros de emergencia social, residencias de mayores o en programas comunitarios. En cada uno de estos entornos, quienes ejercen el Trabajo Social han de estar preparados para realizar evaluaciones de riesgo de suicidio y proporcionar intervenciones efectivas. Recientemente, se ha impulsado un esfuerzo para integrar la conducta suicida en la agenda del Trabajo Social, tanto en el ámbito de la investigación como en la intervención. Esto requiere que la comunidad del Trabajo Social participe activamente en la investigación, evaluación y diseño de programas preventivos y de intervención, dirigidos no solo a personas en riesgo de suicidio, sino también a quienes enfrentan el duelo tras una muerte por suicidio. Esta participación es crucial para desarrollar enfoques más eficaces y adaptados a las necesidades de estas poblaciones vulnerables

Ser agentes de cambio es inherente al Trabajo Social, por lo que la disciplina ha de fomentar la búsqueda de ayuda y la comunicación sobre salud mental, reduciendo el estigma y los tabúes sociales. Además, el Trabajo Social puede realizar acciones socioeducativas enfocadas en el bienestar individual y comunitario de colectivos como los estudiantes, también fortalecer redes familiares y de amistad, así como promover la cooperación comunitaria e implementar recursos y programas públicos. Esto podría derivar en políticas públicas que desarrollen herramientas metodológicas específicas, como planes de prevención del suicidio en la comunidad, guías y protocolos para el personal docente y la recopilación de datos fiables, mejorando así la investigación en Trabajo Social y contribuyendo a un cambio de paradigma que integre valores humanos y académicos, donde el autoconocimiento y las relaciones personales funcionen como factores protectores contra el suicidio.

Parte de las personas que contemplan el suicidio buscan ayuda de profesionales de salud mental varios meses antes de su intento, lo que sugiere que, cuando se proporciona una evaluación precisa e intervención apropiada por parte de un profesional, los suicidios pueden prevenirse. Sin embargo, los factores de riesgo crónico y las señales de advertencia agudas a menudo son pasados por alto por los profesionales de salud mental, incluidos los trabajadores/as sociales. En muchas ocasiones esto se debe que la capacitación formal y educación sobre la evaluación y respuesta al riesgo es restringida. A pesar de los avances limitados en el abordaje de los factores de riesgo del suicidio dentro del ámbito del Trabajo Social, es evidente la necesidad de formación específica en prevención, intervención y posvención del suicidio, así como en actitudes y habilidades de afrontamiento ante situaciones suicidas.

La preparación profesional para trabajar con personas con conductas suicidas y en riesgo de suicidio debe incluir conocimientos sobre el suicidio y su prevención, tales como factores de riesgo crónicos, señales de advertencia agudas, factores protectores y opciones de manejo de casos. Mejorar las actitudes de los profesionales hacia el trabajo con personas en riesgo de suicidio, así como aumentar su confianza para evaluar y responder a estas situaciones, debería contribuir a resultados más eficaces y significativos. Además, esto fomentaría la participación en capacitaciones adicionales conforme surgen nuevas prácticas basadas en la evidencia en este campo concreto. Es esencial integrar contenido sobre el suicidio en todo el currículo de Trabajo Social , o cuando menos en materias en las que se trabajen competencias de intervención en el ámbito educativo y de la salud, para asegurar que el alumnado reciba una educación consistente y completa sobre el tema. Para desarrollar competencia en el trabajo con personas con pensamientos y comportamientos suicidas, muchos profesionales del Trabajo Social necesitan inscribirse intencionalmente en programas de educación continua sobre el suicidio, bien a través de formación universitaria específica o bien a través de programas de formación continua. Existe un consenso general sobre la necesidad de que los programas de posgrado en salud y salud mental deben incluir más contenido sobre el suicidio. Este contenido esencial debiese comprender el abordaje de factores de riesgo y protección, teorías del suicidio, prácticas basadas en evidencia, consideraciones legales y éticas, y apoyo a los sobrevivientes de pérdida por suicidio. Asimismo, se debería contar con la colaboración de asociaciones que trabajan con personas con pensamientos y comportamientos suicidas y el uso de recursos gratuitos y actuales para apoyar la enseñanza de prácticas basadas en evidencia. La educación sobre el suicidio debe ser vista no solo como un problema de práctica individual, sino también como una cuestión de justicia social, abordando cómo la discriminación y la marginación, entre otros factores sociales y estructurales, afectan la suicidabilidad. Cabe por último recordar que trabajar con personas en riesgo de suicidio es una de las tareas clínicas más desafiantes, lo que puede resultar en efectos adversos para el profesional de salud mental, como fatiga y agotamiento profesional.

Estrategias desde el Trabajo Social

El Trabajo Social, en colaboración con otras profesiones de la salud, pueden desempeñar un papel vital en la recopilación y análisis la información relativa a la conducta suicida, proporcionando una evaluación integral y precisa. Además, el Trabajo Social con personas que han tenido tentativas suicidas requiere de una intervención activa y profundamente empática. La disciplina debe ser capaz de brindar un apoyo integral, movilizando recursos y fortaleciendo redes de apoyo para asegurar que las personas que acompañamos puedan reconstruir sus vidas y encontrar un nuevo propósito. Lo fundamental es que la intervención efectiva salve vidas, proporcionando las herramientas necesarias para que las personas en riesgo puedan superar su crisis y evitar futuras tentativas. Un seguimiento frecuente después del alta hospitalaria puede marcar una diferencia significativa en la prevención de recaídas y en la promoción del bienestar del paciente. El Trabajo Social desempeña un papel esencial en la coordinación durante el seguimiento, facilitando la comunicación entre diferentes niveles de atención y asegurando que los pacientes reciban el apoyo continuo necesario. Además, pueden ayudar a los/as pacientes a acceder a recursos comunitarios y servicios de apoyo, proporcionando un enfoque holístico para la intervención en crisis.

La profesión tiene una función crítica en todas las etapas de la intervención en crisis suicida. Su capacidad para realizar evaluaciones psicosociales, ofrecer apoyo socioemocional y coordinar recursos y servicios, los convierte en un componente indispensable del equipo de atención. Mediante la identificación temprana de riesgos, la colaboración en el diagnóstico, la participación en el diseño de planes de tratamiento, y la facilitación de una coordinación y seguimiento eficaces, los trabajadores sociales contribuyen significativamente a la prevención del suicidio y a la mejora del bienestar general de los pacientes.

La coordinación efectiva entre la atención primaria y secundaria es crucial para mejorar los resultados de la intervención con los pacientes en riesgo de suicidio. Un seguimiento frecuente después del alta hospitalaria puede suponer una diferencia significativa en la prevención de recaídas y en la promoción del bienestar del paciente y mejora en su calidad de vida.

Como se ha venido adelantando, son múltiples las estrategias basadas en la evidencia esenciales para prevenir el suicidio, incluyendo el fortalecimiento de los apoyos sociales y socioeconómicos, el aumento del acceso a servicios de salud mental, la creación de entornos protectores, la promoción de la conexión y el compromiso comunitario, así como la capacitación de la comunidad para identificar personas en riesgo. Constatada esta realidad acerca de la influencia de las relaciones sociales y del apoyo comunitario, es fundamental continuar potenciando las habilidades de los/as profesionales del Trabajo Social en la construcción de competencias comunitarias. Todo ello, de cara a que se trabaje junto con las comunidades para abordar la inseguridad económica y de vivienda, entre otras, y fortalecer las redes de apoyo entre los miembros de la comunidad. Además, se puede ayudar a destigmatizar la búsqueda de ayuda y formar una red de personas cuidadoras que reconozcan las señales de advertencia del suicidio. Finalmente, desde un punto de vista más profesionalizado, quienes ejercen el Trabajo Social pueden desempeñar roles clave en el cambio de sistemas y estructuras.

Adicionalmente, la sensibilidad del Trabajo Social al poder del lenguaje y sus habilidades en educación pública y defensa de derechos coloca a la disciplina en una posición poderosa para cambiar la forma en que se habla sobre el suicidio. Pudiendo realizar una labor educativa que evite frases peyorativas como "cometer" suicidio, y en su lugar usar "morir por" suicidio, que pone el énfasis en la muerte y evita el juicio. Para ser líderes en la prevención del suicidio, es esencial que la disciplina esté capacitada para entender el suicidio y esté formada en las intervenciones basadas en la evidencia que son necesarias. Sus habilidades en cambios a nivel comunitario y de sistemas les brindan una tremenda oportunidad para involucrarse en la prevención del suicidio abordando factores de riesgo y protección contextuales. Dada la creciente tendencia de suicidios, es el momento de que la profesión del Trabajo Social, independientemente de su entorno de práctica, utilice sus habilidades para enfrentar el estigma y para desarrollar estrategias de corte preventivo.

Como se ha comentado previamente, uno de los enfoques principales dentro del campo de conducta suicida ha sido la evaluación de riesgos. Las profesionales deben utilizar herramientas de evaluación estandarizadas y métodos cualitativos para trabajar con personas suicidas. Entre los mencionados factores de riesgo se incluyen antecedentes de abuso de sustancias, enfermedades mentales, intentos previos de suicidio y acceso a medios letales, entre otros. Cabe recordar que el modelo *Zero Suicide* es un enfoque basado en evidencia para la prevención, intervención y posvención del suicidio. Este modelo enfatiza la identificación de personas en riesgo a través de evaluaciones continuas y el uso de herramientas específicas, la participación en intervenciones efectivas y la gestión de pensamientos y conductas suicidas. El modelo Zero Suicide y el Trabajo Social están intrínsecamente vinculados a través de un enfoque integral y colaborativo que busca prevenir el suicidio mediante la identificación temprana, la intervención efectiva y el seguimiento continuo. La implementación de este modelo dentro del ámbito del Trabajo Social no solo fortalece las capacidades de respuesta ante el riesgo de suicidio, sino que también promueve un entorno de apoyo y resiliencia tanto a nivel individual como comunitario.

El acompañamiento en estos casos ha de ser activo, mostrando y generando cambios concretos, brindando apoyo constante mediante empatía y asertividad, y exaltando las fortalezas de la propia persona y de su entorno mientras se abordan factores que dificulten su desarrollo social. El Trabajo Social debe asumir un rol temporal en la guía y cuidado de la persona, especialmente cuando este se siente incapaz de manejar su situación, disminuyendo gradualmente ese acompañamiento, a medida que la persona adquiere herramientas para afrontar su situación y fomentando su independencia. Asimismo, se estima crucial el soporte si la persona desea restablecer los vínculos dañados o rotos, involucrando a personas importantes en su vida para proporcionar un pilar de apoyo. El proceso de intervención en Trabajo Social incluye establecer una relación y obtener información, ofreciendo esperanza y asistencia, identificando y focalizando el problema central para generar un efecto positivo, evaluando la potencialidad suicida mediante la medición del grado de riesgo, valorando y movilizando recursos internos y externos, y desarrollando planes terapéuticos adaptados a las necesidades específicas de la persona, asegurando un seguimiento continuo.

A modo de síntesis, cabe destacar los dominios desarrollados por el Centro de Recursos para la Prevención del Suicidio (SPRC), que publicó competencias básicas para la evaluación y gestión del suicidio. Los dominios principales deben ser tenidos en cuenta y aplicados por los profesionales del Trabajo Social para una intervención efectiva. Los aspectos fundamentales de estas competencias incluyen:

- Comprender la conducta suicida.
- Establecer vínculos de confianza.
- Recopilar de información de evaluación precisa.
- Análisis del riesgo y derivación.
- Desarrollar un plan estratégico de servicios y provisión de recursos adecuados.
- Realizar una gestión del cuidado y del acompañamiento social.
- Acompañar hacía la autosuficiencia.
- Comprender los aspectos normativos y éticos relacionados con la conducta suicida.

Como hemos visto, puede concluirse que la conducta suicida es heterogénea tanto en su presentación como en su tratamiento, lo que puede llegar a dificultar y proporcionar un modelo integral de riesgo de suicidio o sugerir una fórmula de abordaje clara.

Intervenciones breves y Trabajo Social

Las intervenciones breves, como los contactos de seguimiento de cuidados, son estrategias de gran interés en el ámbito del Trabajo Social debido a su facilidad de implementación y a su bajo costo. Estas intervenciones pueden incluir el envío de mensajes de interés y atención a las personas en riesgo, lo que ayuda a mantener el contacto y ofrecer un apoyo constante. Por su parte, la intervención de planificación de seguridad ha demostrado ser efectiva en la reducción de los intentos de suicidio. El Trabajo Social puede desempeñar un papel clave en la implementación de estas intervenciones breves, proporcionando el soporte necesario y monitoreando el progreso de la conducta suicida.

Intervenciones a largo plazo y su importancia en el Trabajo Social

Las intervenciones a largo plazo también han mostrado efectividad en la reducción de los intentos de suicidio y son fundamentales en la práctica del Trabajo Social, ofreciendo estrategias para gestionar la conducta suicida. Otros enfoques, como la evaluación y manejo colaborativo del suicidio y la terapia de aceptación y compromiso, también son utilizados. La disciplina puede integrar estos enfoques a largo plazo en sus prácticas, colaborando con otros profesionales de la salud mental para asegurar una intervención integral y coordinada. Además, después de un suicidio, es esencial un acompañamiento a largo plazo del entorno familiar y social de la persona fallecida porque el sufrimiento que viven es de gran intensidad y puede que no encuentren o cuenten con el suficiente apoyo comunitario. Es decir, es crucial atender a “supervivientes” a nivel familiar, laboral y comunitario. Se ha de recordar que cuando se habla de “supervivientes”, se hace referencia a las personas que pasan por un duelo tras una muerte por suicidio; esto incluye tanto a familiares como a personas allegadas.

En relación con el marco temporal de las intervenciones, la combinación de intervenciones breves y a largo plazo permite una atención más completa y efectiva, abordando tanto las necesidades inmediatas como el bienestar a largo plazo de las personas en riesgo de suicidio.

Desafíos del Trabajo Social en la prevención del suicidio infantil, juvenil y en colectivos en situación de vulnerabilidad

El suicidio infantil y juvenil representa un desafío significativo para el Trabajo Social. Es esencial desarrollar estrategias precisas y políticas públicas inclusivas que involucren a diferentes actores sociales e institucionales, además de capacitar a profesionales socioeducativos en temas complejos como el suicidio infantil. La adolescencia es un periodo crítico de desarrollo caracterizado por cambios hormonales, mayor independencia familiar y una búsqueda de identidad. Aunque la mayoría de adolescentes se desarrollan normalmente, esta etapa es vulnerable a patologías y hábitos nocivos como el consumo de sustancias, conductas sexuales de riesgo, trastornos de conducta y autolesiones. Sobre esto, los datos epidemiológicos indican que las autolesiones no suicidas, más comunes en mujeres, suelen iniciarse en la adolescencia. Las chicas tienden a cortarse, mientras los chicos se golpean, y ambos pueden recurrir a otros métodos como la ingesta de medicamentos. Estas conductas a menudo se relacionan con la regulación emocional para aliviar el malestar.

El Trabajo Social deben ser sensible y capaz de reconocer síntomas de conductas de riesgo en la infancia, incluyendo la atención a sus formas de comunicación, tanto verbales como no verbales. Las estrategias de intervención deben centrarse en la identificación y prevención de factores de riesgo, la implicación familiar y educativa, y la creación de redes de apoyo, facilitando espacios donde la infancia pueda expresar sus ideas y sentimientos. La solución al suicidio infantil requiere un enfoque multidisciplinario, promoviendo investigaciones y escenarios que permitan un desarrollo biopsicosocial adecuado para esta etapa.

En cuanto a las personas con discapacidad, estas también son más vulnerables a la ideación y conducta suicida debido a factores como la salud física y mental, el estigma, la discriminación, la exclusión social, así como el menor y peor acceso al empleo. Sobre esto los estudios muestran que, tanto en adolescentes como en personas adultas con discapacidad, las tasas de ideación y conducta suicida son mayores que en la población general. Se ha identificado una alta proporción de intentos de suicidio en adolescentes con discapacidad intelectual. Algunos estudios han concluido que los/as adolescentes con dificultades de aprendizaje tienen el doble de riesgo de sufrimiento emocional y suicidio, especialmente en mujeres. En España, se encontró que las personas con discapacidad tienen un riesgo de suicidio 1,9 veces mayor que aquellas sin discapacidad, siendo más alto en casos de trastornos mentales, insuficiencia renal, lesiones cerebrales y discapacidades físicas. También se ha observado que la discapacidad en mayores de 65 años está asociada con conductas suicidas, especialmente en casos de enfermedades malignas, trastornos neurológicos y ante el dolor persistente. Asimismo, se destacó que la carga autopercibida y el elevado dolor aumentan el riesgo de suicidio en personas con discapacidades físicas. El suicidio entre personas mayores también presenta retos significativos para el Trabajo Social, destacando la necesidad de un enfoque sistémico y la contribución de la disciplina en la reducción del riesgo. Como se ha podido observar, las tasas de suicidio aumentan con la edad, especialmente entre los hombres mayores, y estos intentos suelen ser más letales y responder en menor medida a las intervenciones de ayuda. La proximidad a la muerte en personas mayores puede generar respuestas diversas, desde ansiedad y somatización hasta un deseo aparente de muerte como liberación del sufrimiento. Los datos muestran un aumento significativo en las tasas de suicidio a partir de los 70 años, con un incremento del 20% en mayores de 80 años. Entre los factores de riesgo se incluye el aislamiento, empeoramiento de las enfermedades, soledad, jubilación, inactividad, pérdida de autonomía y limitaciones físicas, cognitivas y relacionales. Cabe destacar que, en este grupo poblacional, las autolesiones deliberadas suelen tener una alta intencionalidad suicida.

Adicionalmente a los retos que se acaban de apuntar, en las personas mayores debemos tener presentes los factores de protección, que incluyen tener hijos o vivir con ellos, mantener amistades y relaciones familiares frecuentes, tener aficiones, pertenecer a asociaciones y realizar prácticas religiosas. Esto supone que la presencia de una red social de apoyo es crucial. Además, el contexto de residencia es relevante, dado que las tasas de suicidio son más altas en personas mayores que residen en dispositivos residenciales que en aquellas que viven en sus hogares o con familiares. El papel del Trabajo Social en la prevención del suicidio en personas mayores ha sido subestimado. Se ha de tener presente que el Trabajo Social puede mejorar la comunicación entre profesionales, personas cuidadoras, y proporcionar apoyo accesible, además de realizar evaluaciones exhaustivas y seguir los estándares de cuidado establecidos. Ante lo indicado, la prevención del suicidio en personas mayores requiere planes de apoyo personalizados y una evaluación clara del riesgo, considerando la confidencialidad y las obligaciones de prevenir daños serios y previsibles.

INTERVENCIÓN EN CRISIS Y TRABAJO SOCIAL

La intervención en crisis es una estrategia a corto plazo destinada a proporcionar apoyo inmediato a personas o grupos que enfrentan situaciones abrumadoras. Los eventos críticos, como desastres naturales, muertes repentinas y atentados, pueden llevar a una crisis cuando la intensidad del sufrimiento es tan severa que la persona se siente impotente y no puede afrontar la situación. La intervención en crisis generalmente se enfoca en estabilizar a la víctima, reducir su sensación de vulnerabilidad y crear nuevas habilidades de afrontamiento.

En el ámbito del Trabajo Social, la intervención en crisis se puede apoyar en el modelo AFVA. El modelo pretende ser una guía estructurada diseñada para intervenir en situaciones de riesgo inminente de suicidio, enfocándose en cuatro pasos clave: Acoger, Focalizar el Problema, Valorar la Gravedad y Actuar. Este modelo proporciona al Trabajo Social un marco integral para manejar de manera efectiva las crisis suicidas, combinando empatía, evaluación estructurada y acciones decisivas. Esta se trata de una herramienta integral que combina empatía, evaluación estructurada y acción decidida para intervenir eficazmente en situaciones de crisis suicida. Se ha de destacar que desde la disciplina de Trabajo Social se cuenta con la capacitación para intervenir durante estas crisis inmediatas y ofrecer servicios posintervención.

- **Acoger.** El primer paso en la intervención es acoger a la persona en crisis. Los primeros momentos son cruciales y establecerán la base para el resto de la intervención. Acoger implica transmitir a la persona que no está sola, facilitando la verbalización de su problema sin hacer preguntas cerradas. Es esencial crear un ambiente de confianza, mostrando empatía a través de la comunicación no verbal y manteniendo una actitud cálida y comprensiva. La comunicación verbal debe ser breve y clara, con mensajes concisos, y practicar la escucha activa para asegurar que la persona se sienta comprendida y atendida en el "aquí y ahora".

- **Focalizar el Problema.** El segundo paso es focalizar el problema, definiendo y delimitando claramente la situación que lleva a la persona a considerar el suicidio. Se busca entender cuál es el problema específico, cuándo y dónde ocurre, y las personas involucradas. Este enfoque ayuda a descomponer problemas complejos en partes manejables, abordándolos de manera secuencial, de lo más urgente a lo más importante. El Trabajo Social utiliza sus habilidades para identificar los factores desencadenantes y proporcionar un plan de acción claro y estructurado.
- **Valorar la Gravedad.** El tercer paso es valorar la gravedad del riesgo de suicidio. Esto implica una evaluación detallada a través de entrevistas clínicas y el uso de instrumentos de valoración, considerando factores de riesgo, factores de protección y eventos precipitantes. Si se tiene conocimiento previo de la persona, se evalúa su comportamiento en situaciones similares anteriores para comprender mejor su riesgo actual. El Trabajo Social desempeña un papel crucial en esta fase, aplicando su conocimiento especializado para evaluar la situación de manera precisa, especialmente los factores de tipo contextual, y proporcionar una intervención adecuada.
- **Actuar.** El último paso es actuar para disuadir a la persona de su intención suicida y garantizar su seguridad. Esto incluye no dejar sola a la persona, ya que el aislamiento aumenta el riesgo. Es vital utilizar habilidades de comunicación efectivas, preguntando sobre las ideas suicidas de manera directa pero sensible, y limitando el acceso a medios lesivos. Generar ambivalencia sobre la decisión de suicidarse puede ser útil, reforzando los aspectos negativos del suicidio y transmitiendo que existen alternativas. Es esencial transmitir esperanza, buscando conjuntamente soluciones que la persona en crisis puede no estar viendo debido a su estado emocional. Finalmente, se ha de considerar que realizar contacto con líneas emergencia y de ayuda es crucial para proporcionar soporte inmediato y continuo.

Equipos móviles y domiciliarios de intervención en crisis

Los equipos móviles de intervención en crisis son una respuesta a la creciente necesidad de servicios de salud mental ya que puedan actuar de manera eficiente y efectiva en estas situaciones. Estos equipos generalmente están compuestos por profesionales de salud mental, como personal de Trabajo Social, Psicología, Terapia Ocupacional o Enfermería, que trabajan en conjunto con equipos de emergencia para proporcionar evaluación, apoyo y referencias para personas en crisis de salud mental. Los equipos móviles de intervención en crisis operan en diversas regiones, y su implementación ha demostrado ser efectiva para satisfacer las necesidades de las personas en crisis. Estos equipos proporcionan una alternativa a las respuestas exclusivamente de emergencia, lo que es especialmente importante para las personas que pueden no sentirse cómodas o significativamente atendidas en contextos o medios hospitalarios, en los que no se validan sus experiencias vividas. A modo de ejemplo internacional, los programas de co-respuesta policía-profesional de salud mental en Canadá, como el "Car 87" en Vancouver y el "Equipo de Respuesta y Alcance en Crisis (COAST)" en Hamilton, han sido pioneros en este enfoque. El programa "Car 87" en Vancouver, una colaboración entre el Departamento de Policía de Vancouver y el equipo de Respuesta a Crisis del *VCH Access and Assessment Centre*, han incorporado la presencia de la policía, personal de Enfermería y de Trabajo Social para ofrecer intervención en crisis de salud mental. Su objetivo es reducir la necesidad de respuestas policiales y hospitalizaciones innecesarias, derivando a las personas a servicios comunitarios apropiados. El programa "COAST" ofrece servicios a personas en crisis por problemas de salud mental y adicciones. El equipo multidisciplinario, que incluye personal de Trabajo Social, responde a crisis mediante evaluaciones telefónicas y visitas móviles, proporcionando apoyo y derivaciones a programas comunitarios y hospitalarios según sea necesario.

Equipos móviles de salud mental e intervención en crisis en España

En España, la atención móvil a las crisis de salud mental aún se encuentra poco desarrollada, aunque en los últimos años ha evolucionado significativamente. A continuación, se presentan algunos ejemplos destacados de estos equipos en distintas regiones. Si bien no están configurados como servicios específicos, sí posibilitan dar respuesta a situaciones de crisis en salud mental, también en aquellos procesos enmarcados dentro de las conductas suicidas.

En el contexto de España, Madrid ha sido pionera en la implementación de servicios especializados para la intervención en crisis de salud mental. Desde agosto de 2024, la Comunidad de Madrid ha incorporado la atención psicológica a las unidades móviles del Servicio de Emergencia Social, con un equipo de tres psicólogos/as que intervienen en situaciones de desamparo, abandono, desorientación, accidentes o catástrofes. Dicho servicio está gestionado por Cruz Roja y apoyado por la Consejería de Familia, Juventud y Asuntos Sociales. Este esfuerzo se complementa con el SAMUR Social, un servicio de emergencia que opera en Madrid capital y que colabora con otros servicios de emergencia para proporcionar atención inmediata en situaciones de crisis, con un enfoque en la protección y el apoyo a las personas en situación de vulnerabilidad. Concretamente, el SAMUR Social es un servicio de atención municipal a emergencias y urgencias sociales en Madrid, integrado en la red de Servicios de Emergencias de la ciudad (conformada por 112 Emergencias Madrid, SAMUR-Protección Civil, Policía Municipal y Bomberos). Desde su implementación, en junio de 2004, el SAMUR Social posibilita un servicio de emergencia social que opera con unidades móviles y una sala de comunicaciones. Este servicio recibe llamadas, evalúa situaciones y activa los recursos necesarios ante emergencias y urgencias sociales. El servicio trabaja en coordinación con los Centros de Servicios Sociales Municipales y otros servicios de emergencia de la ciudad, funcionando las 24 horas del día, todos los días del año. Se ha de destacar que el SAMUR Social interviene en situaciones de emergencia social como accidentes, catástrofes y crisis personales o familiares que requieren una respuesta inmediata, proporcionando información, intervención en crisis y coordinación con otros servicios de emergencia para atender a las personas en situaciones de vulnerabilidad y desprotección social.

En Cataluña, el Departamento de Salud ha lanzado el Programa de Atención a la Crisis Infantil y Juvenil en Salud Mental en Cataluña, una nueva alternativa domiciliaria y centrada en el entorno natural para niños y jóvenes con trastornos mentales y en riesgo psicosocial. El programa está dirigido a jóvenes de 6 a 17 años en crisis psicopatológica, con sospecha o confirmación diagnóstica de trastorno mental, que presentan una crisis de tipo psicopatológico y condiciones de vulnerabilidad sociofamiliar.

Además, el programa busca ofrecer intervención intensiva en el entorno comunitario, incluyendo la escuela, el hogar y actividades extraescolares, con un enfoque proactivo y resolutivo.

Estos equipos, de los cuales se han presentado dos ejemplos, que generalmente se componen de profesionales multidisciplinarios, proporcionan una respuesta inmediata y especializada, trabajando en estrecha colaboración con los servicios de emergencia y las fuerzas de seguridad. La labor de los equipos móviles de crisis y emergencias psicosociales no solo debe mejorar los resultados para las personas en crisis y sus familias, sino que también podría suponer una mejor comprensión y gestión de estas situaciones por parte de toda la comunidad. La capacidad de estos equipos para intervenir de manera rápida y eficaz ayuda a mitigar el impacto de las crisis de salud mental, proporcionando el apoyo necesario en el momento crítico. Además, para continuar mejorando la atención a la salud mental en España, se estima necesario no solo la implementación continua, sino también la evaluación rigurosa de estos equipos. Esta práctica asegura que los servicios proporcionados se adapten a las necesidades cambiantes de la comunidad y que se mantengan altos estándares de calidad en la atención. La expansión de estos servicios es un paso vital hacia un sistema de salud mental más inclusivo y efectivo. Como se ha indicado, el Trabajo Social desempeña un papel integral en este proceso, colaborando con otros profesionales para ofrecer un cuidado integral y centrado en la persona durante la situación de crisis. La intervención en crisis es una herramienta esencial en el Trabajo Social, proporcionando apoyo inmediato y ayudando a las personas a enfrentar situaciones vinculadas a la conducta suicida.

POSVENCIÓN

La posvención es un desafío importante para la salud pública y mental. Esta se define como las actividades desarrolladas por, con o para las personas supervivientes y sobrevivientes de la conducta suicida, con el fin de facilitar la recuperación y prevenir resultados adversos, incluida la propia conducta suicida. La posvención del suicidio, es crucial tanto para ayudar a sobrevivientes como supervivientes. Este enfoque integral incluye desde información, acompañamiento y concienciación para todas las personas afectadas hasta la psicoterapia especializada.

Implementar adecuadamente la posvención supone incorporar la reducción del riesgo de suicidio en el entorno de la persona, proporcionar el apoyo necesario para que las personas supervivientes afronten la pérdida, abordar el estigma social asociado y promover la difusión de información objetiva sobre el suicidio. También abarca la derivación de las personas supervivientes a servicios de apoyo, intervenciones a largo plazo, como acompañamiento ante el duelo persistente complicado o la derivación a grupos de apoyo.

Por tanto, las acciones de posvención están destinadas a apoyar a las personas afectadas en su duelo y a enfrentar los efectos de esta dolorosa experiencia. Estas acciones ayudan a reducir los daños y mitigar los impactos negativos en las personas supervivientes y sobrevivientes. Al referirnos a los supervivientes, incluimos a diversas personas o grupos: padres/madres, hermanos/as, hijos/as y parejas, quienes forman los lazos más cercanos y donde la posvención es especialmente relevante y necesaria. Además, el entorno barrial y comunitario, así como los ámbitos laborales, educativos y sociales en los que la persona participaba, son también espacios cruciales para implementar acciones de posvención.

Se ha de tener muy presente que la muerte por suicidio provoca un duelo único, a menudo marcado por la incertidumbre sobre las causas y la constante pregunta de motivación del suicidio. Estas emociones se intensifican entre aquellas personas que llamamos supervivientes, es decir, todas las personas afectadas por el suicidio. Es difícil determinar el número exacto de familiares, amistades y personas conocidas que llegan a enfrentar el dolor de la pérdida, aunque es relevante destacar que muchas personas se ven profundamente afectadas por cada suicidio. Estas personas experimentan diversas consecuencias negativas como vergüenza, miedo, rechazo, ira, culpa y pérdida, lo que puede alterar la dinámica familiar y generar distanciamiento debido al estigma social asociado al suicidio. Además, se enfrentan a un mayor riesgo de problemas de salud mental, como ideación suicida, intentos de suicidio, depresión, ansiedad y trastorno de estrés postraumático. Además de los problemas de salud mental, los supervivientes del suicidio tienen una variedad de necesidades psicosociales que deben ser abordadas por programas de posvención, incluyendo problemas familiares, dificultades en actividades diarias, relaciones sociales y familiares y problemas financieros y jurídicos.

En cuanto a las personas sobrevivientes, estas pueden experimentar una amplia gama de síntomas psicológicos y físicos, incluidos un mayor riesgo de trastornos psiquiátricos, suicidio y duelo complejo persistente. Sin embargo, es importante destacar que las personas que han intentado suicidarse son a menudo consideradas las “voces silenciadas del suicidio”, una población de la que se dispone de mucha menos información. Los estudios tienden a agrupar a sobrevivientes y a supervivientes, equiparando sus experiencias, cuando en realidad estas realidades son completamente distintas. De hecho, esta unificación puede ser dañina para ambas partes, pues se desdibujan las diferencias entre sus vivencias y necesidades.

Generalmente, las intervenciones de posvención deben comenzar dentro de las primeras 48-72 horas y continuar durante al menos dos años, involucrando a la comunidad y promover la expresión emocional a través de actividades expresivas y lúdicas. No obstante, también deben considerarse intervenciones a largo plazo, como la terapia de duelo complicado y los grupos de apoyo terapéutico. Desde el Trabajo Social se estima crucial reestructurar posibles lazos afectivos, diagnosticar situaciones de vulnerabilidad y reducir el tabú en torno al suicidio. Aunque un enfoque integral debe considerar además procesos históricos, culturales, filiación intergeneracional, estructuras productivas, perspectiva de género, así como aspectos interculturales y migratorios. La planificación comunitaria y la consolidación de una red intersectorial local son esenciales para garantizar respuestas integrales y sostenibles, evitando la sobre-intervención y la revulneración de los derechos de las personas afectadas. Para llegar a alcanzar una posvención de calidad se destaca la necesidad de capacitar en duelo por suicidio al personal de intervención directa, realizando esta formación obligatoria para quienes proporcionan servicios de salud mental, incluyendo entidades públicas, privadas y entidades de iniciativa social. Asimismo, se deben proporcionar apoyos accesibles y a largo plazo para personas en duelo con necesidades complejas y comportamientos de alto riesgo, especialmente jóvenes.

Para abordar la posvención las administraciones han de proponer la implementación de estándares mínimos nacionales para organizaciones y asociaciones que trabajan con personas en duelo. Estos estándares, se pueden basar en directrices existentes, de modo que permitan establecer, medir y evaluar todos los servicios de posvención. Además, se recomienda desarrollar un recurso nacional que ofrezca un directorio completo y actualizado de recursos y apoyo local para la posvención. Un programa estatal sobre posvención también es fundamental para aumentar la conciencia sobre el impacto del duelo, los recursos disponibles y para reducir el estigma asociado. Además, se estima esencial contar con la voz de los supervivientes y sobrevivientes, que sin duda ha de ser incluida en las futuras políticas de salud pública y en el diseño e implementación de programas de posvención.

Por último, para el avance en el campo de la investigación sobre el suicidio y sus efectos, es fundamental formular definiciones operativas y consensuadas de términos clave como "superviviente de suicidio", "sobrevivientes" y "posvención". Además, se requiere la realización de estudios metodológicamente sólidos que identifiquen las experiencias y necesidades específicas de diversos subgrupos de sobrevivientes y supervivientes. Es igualmente crucial desarrollar investigaciones sobre la efectividad de las actividades de posvención, con un enfoque particular en los grupos de apoyo y las políticas de salud pública, incluyendo el potencial para la reducción del gasto público. Estos pasos permitirán una mejor comprensión y un abordaje más eficaz de la posvención.

NIVELES DE POSVENCIÓN ANTE EL DUELO POR SUICIDIO

Las estrategias de posvención se dividen generalmente en tres niveles de intervención. La posvención universal, que está dirigida a todos/as los/as supervivientes y sobrevivientes proporcionando información clara y sencilla sobre el duelo por suicidio y los recursos de apoyo disponibles. Esta intervención es proactiva, ofreciendo información sobre el duelo, situaciones que requieren asistencia adicional, estrategias de autoayuda y cómo comunicar el suicidio a la infancia. También incluye datos de contacto para recursos asistenciales. La posvención selectiva, se enfoca en supervivientes con duelo moderado e impacto leve, beneficiándose de grupos de apoyo por iguales. Esta estrategia incluye la participación voluntaria de personas adultas afectadas, como familiares, amistades y compañeros, en grupos formados con apoyo terapéutico. La posvención indicada está destinada a supervivientes con duelo grave o problemas de salud mental, recomendando psicoterapia especializada. Por lo tanto, las intervenciones se han de adaptar al nivel de aflicción de la persona superviviente o sobreviviente, pero el apoyo social informal es beneficioso en todos los casos. Algunos programas se centran en entornos específicos como centros educativos o lugares de trabajo, mientras que otros brindan apoyo a la comunidad en general.

GRUPOS DE APOYO Y DE AYUDA MUTÚA

Los grupos de apoyo entre pares han ganado reconocimiento en el ámbito de la salud mental, aunque estos tienen sus raíces en iniciativas comunitarias. El apoyo entre pares se define como un sistema de dar y recibir ayuda basado en principios de respeto, responsabilidad compartida y acuerdo mutuo. Siempre involucra a personas con experiencias similares que brindan apoyo emocional, social o práctico entre sí. La premisa subyacente es que, debido a las experiencias y circunstancias de vida compartidas, los pares pueden establecer conexiones de confianza y apoyo más efectivas con aquellas personas que necesitan ayuda. Estos grupos acostumbran reunir a personas con experiencias similares y pueden ser facilitados tanto por expertos como por profesionales. Los valores centrales de estos grupos incluyen relaciones no jerárquicas, elección, reciprocidad, apoyo, sentido de comunidad, autoayuda y autodeterminación. Los estudios indican que estos grupos pueden reducir la necesidad de hospitalizaciones y servicios de crisis. Los grupos de apoyo proporcionan apoyo social a través de la interacción con otros que tienen experiencias similares, lo que ayuda a los participantes a sentirse menos estigmatizados. También enseñan estrategias para afrontar el duelo y ofrecen un espacio para expresar emociones, lo que disminuye sentimientos de culpa, ira, aislamiento y vergüenza. Comparando los grupos en línea y presenciales, se encontró que ambos formatos pueden ser útiles, aunque los participantes en línea a menudo experimentan más angustia.

Los grupos de apoyo para el duelo por suicidio están extendidos, aunque existen diferentes tipos de grupos. Estos a menudo son iniciados por personas supervivientes en duelo, y se basan en compartir experiencias y ofrecer acompañamiento mutuo, reduciendo así la angustia y el riesgo de problemas mentales y emocionales. Existen grupos abiertos, a los que se puede acceder de manera continua y que aceptan nuevos miembros, mientras que los "cerrados" se reúnen un número predeterminado de veces con los mismos participantes. Aunque los grupos de apoyo para supervivientes y la psicoterapia parecen ser formas prometedoras de ayuda, solo una minoría de supervivientes asiste a estos grupos o servicios. Sobre esto, algunos estudios muestran que, aunque el 72% de los supervivientes expresaron la necesidad de ayuda profesional, solo el 47% la recibió.

Figura 18. Grupos impulsados por la Asociación Papageno

Otros grupos pueden ser facilitados por sobrevivientes. Aunque existen algunas guías internacionales y publicaciones sobre grupos de apoyo entre pares para sobrevivientes de suicidio, la evidencia sobre su eficacia es limitada. La evidencia cualitativa muestra que estos grupos permiten a las personas participantes revelar sus sentimientos más íntimos sin temor a ser objeto de juicio, compartiendo estrategias de afrontamiento y desarrollando una identidad colectiva como "sobrevivientes". La facilitación varía entre grupos liderados por facilitadores experimentados o profesionales de la salud mental y otros con una mezcla de ambos.

Además, los grupos de internet se ha convertido en una fuente importante de información y apoyo, proporcionando esta asistencia a través de sitios web, foros de discusión, redes sociales y *blogs*. Las personas usuarias de servicios en línea pueden tener más control sobre el proceso y el contenido de las intervenciones, lo cual es importante para quienes se sienten estigmatizados o son reacios a acceder a otras formas de apoyo. Sin embargo, las tasas de abandono tienden a ser más altas en línea en comparación con las intervenciones cara a cara. Al igual que en los grupos presenciales, las personas que participan en foros en línea pueden compartir experiencias, brindando empatía, apoyo mutuo y comprensión.

Las revisiones de estudios sobre el apoyo entre pares en programas de salud mental han mostrado generalmente resultados positivos. Se ha encontrado que estos programas pueden ser igual de efectivos, y en algunos casos superiores, a la terapia proporcionada por profesionales en la mejora de habilidades de vida y la reducción de problemas de salud mental como depresión. Además, los programas de apoyo entre pares resultan en menos hospitalizaciones y una mayor satisfacción con la salud. Sin embargo, no toda la evidencia es positiva. Algunos estudios han encontrado que las intervenciones dirigidas por pares pueden tener efectos moderados, y que es crucial una formación y monitoreo cuidadosos de los proveedores de apoyo para asegurar resultados óptimos.

TRABAJO SOCIAL Y DUELO

El Trabajo Social se puede focalizar en abordar las múltiples pérdidas que enfrentan las personas usuarias, ya sean pérdidas de poder adquisitivo, vivienda, empleo, salud o, como en este caso, la pérdida por fallecimiento. Estas pérdidas generan una gran vulnerabilidad social, y desde el Trabajo Social se cuenta con herramientas para acompañar y empoderar a personas que recurren o requieren de nuestro trabajo. Aunque el duelo tras la pérdida de un ser querido es un proceso natural y necesario para adaptarse a la vida sin esa persona, muchas veces las personas no reconocen o no disponen de las herramientas o habilidades para seguir adelante. Por lo que el Trabajo Social desempeña un papel crucial al proporcionar seguridad a las personas usuarias, ayudándoles a entender que sus sentimientos son normales y acercándolos a recursos de apoyo, como grupos de ayuda mutua.

Cabe, en primera instancia, tener presente que cada persona enfrenta el duelo de manera única, atravesando fases como la negación, la ira, la negociación, el dolor emocional y, finalmente, la aceptación. Una de las clasificaciones más reconocidas es la de las cinco etapas del duelo de Kübler-Ross (1969), que comprende las fases a las que se acaba de hacer referencia. En casos de fallecimientos traumáticos como suicidios, accidentes, muertes súbitas, violencia machista o enfermedades, la incomprensión y la impotencia pueden intensificar el desbordamiento emocional y el distanciamiento social. Desde el Trabajo Social se busca prevenir el aislamiento, facilitar la expresión emocional y apoyar en las tareas del duelo, especialmente mediante el trabajo grupal.

Cabe mencionar que, además, existen otras clasificaciones del duelo que abordan diversas facetas del proceso, como las Cuatro Tareas del Duelo de Worden (1982), el Modelo Dual del Duelo de Stroebe y Schut (1999), el Modelo de Fases de Duelo de Bowlby y Parkes (1980) y el Modelo de Crecimiento Postraumático de Tedeschi y Calhoun (1996).

El Duelo por Suicidio

El duelo por suicidio conlleva una respuesta adaptativa que involucra una serie de reacciones emocionales, cognitivas, sociales, físicas y conductuales ante la pérdida. Este proceso es dinámico y oscilante, donde la persona en duelo alterna entre enfrentar abiertamente la pérdida y evitar recordatorios de la misma. La muerte por suicidio, al tratarse de una muerte traumática e inesperada, evoca reacciones más complejas que una muerte natural, como shock, confusión, horror, rabia, sentimientos de fracaso, vergüenza y culpa. Los supervivientes, es decir, aquellos que tenían una relación cercana con la persona fallecida, pueden experimentar una serie de emociones intensas y difíciles de procesar.

La distinción entre "duelo por suicidio" y "exposición al suicidio" es importante. Mientras que el duelo por suicidio afecta a quienes tenían una relación personal con la persona fallecida, la exposición se refiere a aquellas que conocen del suicidio a través de medios indirectos, como los medios o que presencian la muerte, de forma circunstancial. Las personas supervivientes de un duelo por suicidio enfrentan una serie de desafíos únicos, como la ambigüedad sobre la intención de la persona fallecida, la estigmatización del suicidio y sentimientos de abandono y rechazo. Estos factores pueden llevar a un duelo complicado o patológico, caracterizado por una incapacidad para aceptar la pérdida y un mayor riesgo de ideación suicida. El duelo patológico afecta a un porcentaje significativo de supervivientes de suicidio y se manifiesta como una adaptación inadecuada a la pérdida, con síntomas como nostalgia intensa, obsesiones intrusivas, culpa y evitación de actividades relacionadas con la persona fallecida. Para apoyar a las personas supervivientes, generalmente se recomienda reservar tiempo diario para procesar la pérdida, escribir un diario, hacer ejercicio, reducir el estrés, cuidarse físicamente, expresar sentimientos a través de actividades creativas, o buscar apoyo en grupos de duelo. Además, es esencial que el entorno ofrezca apoyo sin emitir juicios, permitiendo la expresión emocional y facilitando la adaptación al duelo.

Como se apuntaba, el duelo puede complicarse y volverse patológico, manifestándose como duelos crónicos, inhibidos, postergados o no reconocidos. En estos casos, desde un punto de vista profesional, es necesaria una intervención psicosocial para prevenir problemas de salud mental y física. El Trabajo Social con grupos se fortalece al abordar estos aspectos, promoviendo el apoyo social y evitando el aislamiento. El Trabajo Social ha de conocer y comprender las situaciones y sentimientos de los usuarios, validando sus experiencias y facilitando recursos adecuados. La intervención debe ser flexible, atenta a las necesidades emergentes y capaz de adaptarse a las diversas reacciones de las personas usuarias.

En el nivel de asesoramiento, se debe proporcionar a la familia y seres queridos información clara y comprensible sobre el suicidio, ayudando a desmitificar el evento y a establecer una base de comprensión. En el nivel de acompañamiento ante el duelo, es crucial apoyar a la familia en el manejo y la expresión saludable de sus emociones, facilitando un espacio seguro donde puedan procesar su dolor y encontrar formas constructivas de afrontar la pérdida. En casos específicos, como el duelo por un progenitor suicida, la intervención debe enfocarse en hablar con claridad sobre la muerte, evitando mentiras que puedan crear barreras comunicativas, así como trabajar en la gestión de la culpa y el auto-reproche. En el duelo paterno filial, la pérdida de un descendiente suicida es particularmente complicado debido a la contradicción natural de la lógica protectora de los progenitores. Los sentimientos de culpa exacerbada y la sensación de perder una parte de sí mismos son comunes. La intervención debe centrarse en acompañar en su dolor permanente y facilitar su proceso de duelo, reconociendo la profundidad de su pérdida. Finalmente, en el duelo entre hermanos/as, la intervención debe subrayar la importancia de una comunicación clara sobre la muerte, evitando la identificación con el suicida. Los cambios emocionales y las visualizaciones, como referencias a ver a la persona fallecida, son comunes y deben ser escuchadas sin juicio. En este contexto de pérdida de personas con alta vinculación afectiva, es fundamental evaluar el riesgo de conducta suicida, especialmente en adolescentes, proporcionando el apoyo necesario para navegar estas complejas emociones y experiencias.

Ante los procesos mencionados, el Trabajo Social enfrenta retos significativos, tales como la carga emocional asociada con la intervención en duelo. La intervención grupal en Trabajo Social se ha de iniciar con el autocuidado y la supervisión de la propia profesional y continuar con actividades interactivas que permitan compartir testimonios y fortalecer vínculos. Evaluar el progreso y la efectividad de estas sesiones es esencial para asegurar un proceso de duelo saludable. A pesar de estas dificultades, la intervención grupal en duelo demuestra ser una herramienta eficaz para aumentar las estrategias de afrontamiento de las personas y fortalecer las redes de apoyo comunitario.

El Trabajo Social en el proceso de duelo por suicidio requiere de una intervención integral, adaptada a las necesidades específicas de cada persona y situación. La profesión debe estar preparada para manejar la complejidad emocional y social del duelo, proporcionando un apoyo continuo y efectivo que permita a los dolientes avanzar hacia la aceptación y la recuperación. En conclusión, el Trabajo Social juega un papel fundamental en el apoyo a personas en duelo, facilitando la adaptación a la vida sin el ser querido y promoviendo un proceso de duelo saludable a través del apoyo grupal y comunitario. La intervención en duelo desde el Trabajo Social es esencial para fortalecer las redes sociales y empoderar a los individuos, situándolos en el centro de su propio proceso de transformación.

TRABAJO SOCIAL Y FORMACIÓN ANTE LA CONDUCTA SUICIDA

La formación y educación acerca del riesgo y de la conducta suicida dirigida tanto a estudiantes de Trabajo Social como a profesionales es limitada. Diferentes estudios han subrayado que la evaluación del riesgo de suicidio es una parte frecuente e importante de la práctica del Trabajo Social sanitario, pero muchos trabajadores sociales no están familiarizados con las evidencias prácticas en este campo. Los estudios sugieren que la falta de espacio en el currículo puede ser una barrera importante para incrementar la formación sobre suicidio. A pesar de que algunos planes de estudio de Trabajo Social ofrecen materias sobre salud mental o adicciones (incluyendo ocasionalmente el suicidio), estas no se configuran como formación básica ni obligatorias en todos los programas. Incluso cuando se ofrecen materias de salud mental, es esencial que el enfoque no se limite solo al conocimiento del manual diagnóstico DSM, sino que también incluya habilidades para identificar, evaluar y analizar signos y síntomas de problemas de salud mental, uso de sustancias, adicciones conductuales y riesgo de conducta suicida.

Se ha identificado que la enseñanza apoyada en la práctica, incluyendo métodos experienciales y de simulación, son efectivos para desarrollar competencias en la práctica del Trabajo Social. Esto es así, dado que la simulación práctica permite al alumnado construir competencias holísticas, centrándose tanto en conocimientos y habilidades procedimentales como en metacompetencias, como el juicio profesional y la toma de decisiones durante ejercicios prácticos como entrevistas simuladas.

Actualmente, no hay evidencia disponible sobre la frecuencia y el enfoque en el suicidio dentro de los programas de Trabajo Social. No obstante, fuera del marco reglado sí existen programas de educación continua desarrollados para estudiantes de Trabajo Social y profesionales en ejercicio, y la formación voluntaria sobre suicidio es comúnmente ofertada por la Administración Pública o colegios oficiales. Además, se ha de proporcionar formación al profesorado y tutores de prácticas de para mejorar la enseñanza al alumnado sobre salud mental y suicidio. Mejorar el conocimiento y la confianza en el profesorado es clave para mejorar el aprendizaje de los estudiantes en estas áreas críticas. La formación específica ha de considerar información sobre cómo se integran los elementos de cultura y diversidad en esa formación. En este sentido, es crucial que el alumnado integre conceptos como interseccionalidad, poder y privilegio, opresión y reflexionen críticamente sobre sus propios valores y creencias en relación con la salud mental y la conducta suicida.

Por todo lo mencionado se destaca la necesidad de una formación más integral y consistente en la evaluación del riesgo de conducta suicida dentro de los programas de Trabajo Social, así como la importancia de metodologías de enseñanza efectivas y la integración de elementos de cultura y diversidad para preparar mejor a futuros trabajadores/as sociales.

MARCO LEGAL Y ÉTICO

POLÍTICAS PÚBLICAS Y MARCO NORMATIVO

Un estudio epidemiológico y de costo-análisis del suicidio en España, de más de 100 años de evolución, mostró la necesidad de mayor inversión en educación sanitaria y de promoción de la salud, debido a los altos costos asociados con el suicidio a nivel individual, familiar y social, además del sufrimiento humano, que el suicidio genera. Reducir el suicidio a través de intervenciones apropiadas no solo reduciría la alta prevalencia de ideación suicida que se produce, sino también los costes derivados. En esta misma línea la OMS ha advertido sobre el aumento de las tasas de suicidio y ha recomendado a las administraciones públicas que actúen al respecto. Sin embargo, y debido en cierta medida, al estigma, tabú y mitificaciones epidémicas que rodean al suicidio se ha dificultado su abordaje desde el punto de vista de la gestión pública y de diferentes actores de la sociedad civil.

Una estrategia eficaz para la prevención del suicidio requiere, además de la detección precoz y el tratamiento de personas en riesgo, la implementación de medidas poblacionales demostradas como efectivas. Estas incluyen el control y la implementación de normas sobre el acceso a medios potenciales de suicidio, el desarrollo de políticas para reducir el uso de alcohol y la adopción de prácticas responsables en la información sobre el suicidio por parte de los medios de comunicación, extendiendo esto al uso de tecnologías de la información y comunicación.

Para abordar, desde las administraciones públicas, la conducta suicida de manera efectiva y eficiente, es crucial una cuantificación real y precisa de la misma, asegurando que se dispongan de los recursos necesarios.

Actualmente, los recursos materiales y humanos destinados a este problema son insuficientes, y el impacto del suicidio es evidente en nuestro entorno. Por ello, no podemos demorar más la toma de decisiones para ofrecer una respuesta pública clara, segura y contundente para todas aquellas personas que lo necesitan. En este sentido, se estima necesaria una mayor sensibilidad hacia el potencial de la conducta suicida, mejoras continuas en las políticas de salud pública, así como la investigación básica y aplicada, que tengan el potencial de contribuir a la reducción de las tasas globales de suicidio en los próximos años.

Salud mental, una prioridad del Sistema Nacional de Salud

La salud mental se ha consolidado como una prioridad en el Plan de Recuperación, Transformación y Resiliencia, y en el Dictamen de la Comisión para la Reconstrucción Social y Económica. Esto incluye entre sus medidas la promoción de una nueva Estrategia Nacional de Salud Mental. Esta estrategia busca aumentar significativamente la inversión, establecer un sistema integral de atención, combatir la estigmatización y garantizar los derechos de las personas con problemas de salud mental, todo ello con un enfoque de género y derechos humanos.

Entre las propuestas destacadas en la nueva Estrategia de Salud Mental 2022-2026 se incluyen mecanismos para la prevención del suicidio y la adopción de un código de riesgo de suicidio, la atención a la salud mental de la población infantil, el fomento de la atención comunitaria para personas con problemas de salud mental y la promoción de la participación activa de las personas afectadas y sus familias en su proceso de atención. Esta estrategia dedica una línea específica a la prevención de la conducta suicida, estableciendo objetivos y acciones para ser implementados por las comunidades autónomas. A pesar de este esfuerzo, se sigue considerando esencial implementar un plan nacional de prevención del suicidio. Este plan ha de incluir indicadores para evaluar su impacto y proporcionar los recursos necesarios para lograr sus objetivos.

Marco normativo

En España, la ley que regula y conforma el sistema de protección a la salud es la Ley 14/1986, de 25 de abril, General de Sanidad, que es la normativa fundamental que establece el marco regulador del sistema sanitario.

Aunque no aborda directamente el suicidio de manera específica, establece algunos principios y obligaciones que pueden ser relevantes para la prevención y tratamiento de problemas de salud mental, incluidos los relacionados con la conducta suicida.

La Ley General de Sanidad (Ley 14/1986) se basa en principios generales que garantizan la equidad, accesibilidad, calidad y eficiencia en la asistencia sanitaria, asegurando el derecho a la protección de la salud y atención sanitaria para la ciudadanía. En cuanto a la salud mental, la ley promueve la atención integral mediante programas específicos de prevención, tratamiento y rehabilitación, y fomenta la coordinación entre servicios sanitarios y sociales para una atención completa, que garantice la continuidad asistencial. En el ámbito de la prevención y promoción de la salud, establece que las Administraciones Públicas deben desarrollar programas educativos y preventivos en todos los niveles del sistema sanitario. La atención primaria se considera el primer punto de acceso al sistema, incluyendo la promoción de la salud mental y la prevención del suicidio, mientras que los servicios de atención especializada deben tratar trastornos mentales graves y crónicos, coordinándose con los servicios primarios y comunitarios. Adicionalmente, la ley garantiza el acceso universal y equitativo a los servicios de salud, para que se pueda llegar a promover una justa distribución de los recursos sanitarios. Todo esto es relevante para la prevención del suicidio, asegurando una atención integral y coordinada. Como se ha apuntado, la Ley General de Sanidad, aunque no supone un marco regulatorio específico sobre la conducta suicida, sí proporciona la base legal y organizativa para que las autoridades sanitarias desarrollen e implementen programas y servicios destinados a la prevención y tratamiento de problemas de salud mental, incluyendo el suicidio. La integración de estos principios en la práctica sanitaria cotidiana es crucial para abordar de manera efectiva el suicidio y otros problemas de salud mental.

En la mayor parte de los países occidentales, el suicidio no es considerado legalmente como un crimen, aunque en algunos países fuera de este contexto territorial, hasta hace poco, era penalizado. Por ejemplo, en la India, el suicidio era ilegal hasta hace unos años, y la familia de la persona que se suicidaba podía enfrentarse a problemas legales. Esta ley fue derogada en 2014. En España, la legislación que puede vincularse con el suicidio aborda varios aspectos relacionados con la prevención, la intervención y la regulación de la eutanasia y la cooperación al suicidio. A continuación, se destacan algunas normativas y enfoques relevantes. En el contexto de la legislación española sobre el suicidio, podemos considerar lo dispuesto en la Ley Orgánica 3/2021 regula la eutanasia, que permite a personas con enfermedades graves e incurables o padecimientos crónicos invalidantes solicitar ayuda para morir, bajo un estricto control y verificación que trata de asegurar que sean actuaciones desarrolladas tras procesos de toma de decisiones libres y conscientes.

Si atendemos a lo recogido en el Código Penal, se sanciona la cooperación al suicidio en su artículo 143, imponiendo penas de prisión a quienes faciliten el suicidio de otra persona. Además, el internamiento involuntario de pacientes con trastornos psíquicos está regulado por el artículo 763 de la Ley de Enjuiciamiento Civil y la Ley 41/2002 de Autonomía del Paciente, requiriendo autorización judicial, excepto en situaciones de urgencia que supongan riesgo vital.

La reciente Ley 6/2023, de 22 de marzo, de las personas con problemas de salud mental y sus familias incluye medidas tales como el desarrollo de programas educativos y de sensibilización, la promoción de la salud mental desde una perspectiva comunitaria y la mejora del acceso a servicios de atención especializada. Además, se promueve la formación de profesionales de la salud mental y la integración de estrategias de prevención en el ámbito laboral y educativo. La ley también fomenta la inclusión social y laboral de las personas afectadas y combate el estigma asociado a los problemas de salud mental, asegurando que las personas en situación de vulnerabilidad y sus familias reciban el apoyo necesario para afrontar estas situaciones.

Estas normas, que pueden considerarse insuficientes en lo relativo al suicidio, reflejan un enfoque general que, aunque significativo, no aborda de manera específica y exhaustiva todas las necesidades y desafíos relacionados con la prevención de la conducta suicida.

ASPECTOS ÉTICOS Y DEONTOLÓGICOS

Buena parte de los/as profesionales del Trabajo Social, independientemente de su área práctica, han trabajado con personas que contemplan el suicidio como su única opción para aliviar el sufrimiento. Esta situación exige a profesionales a enfrentar cuestiones éticas, legales y psicosociales complejas, con urgencia y con una elevada carga emocional. La responsabilidad y funciones del Trabajo Social pueden parecer claras, pero aplicar los principios éticos a situaciones individuales altamente complejas no siempre es sencillo. El suicidio se plantea como uno de los aspectos y retos más complejos del Trabajo Social sanitario. Algunos/as profesionales creen que el suicidio es una respuesta racional y comprensible al sufrimiento, mientras que otros/as profesionales pueden observarlo como una manifestación de enfermedad mental. Ante estas circunstancias es fundamental estar familiarizados con la ley, los estándares éticos y regulatorios de la profesión, y practicar en consecuencia, considerando también los problemas sociosanitarios derivados. Generalmente la literatura sobre crisis, depresión y conducta suicida se centra en la identificación del riesgo, la evaluación y la intervención. No obstante, es igualmente importante que el Trabajo Social participen en el debate sobre los dilemas éticos, como el equilibrio entre respetar el derecho de la persona a elegir el suicidio y la protección de su vida.

La disciplina debe estar preparada para identificar factores de riesgo y proporcionar una intervención adecuada, siempre respetando los derechos de la persona usuaria y manteniendo los principios éticos y confidencialidad. Para lograr esto es fundamental la consulta y el estudio detallado de documentos y normas de referencia que regulan la práctica profesional. Algunos de los documentos fundamentales que establecen los principios y normas que han de guiar la actuación ética y profesional en el ámbito del Trabajo Social y la conducta suicida son los siguientes.

Tabla 9. Documentos que rigen los principios y normas que guían la actuación ética del Trabajo Social ante la conducta suicida

Documentos y declaraciones de referencia	Descripción general
Código Deontológico del Trabajo Social en España	Publicado por el Consejo General del Trabajo Social, este código es el documento fundamental que establece los principios éticos y deontológicos que rigen la práctica del Trabajo Social en España. Es de obligatorio cumplimiento para profesionales colegiados/as y proporciona un marco para la toma de decisiones éticas en el ejercicio profesional.
Declaración Internacional de Principios Éticos de la Federación Internacional de Trabajadores Sociales	Aunque es una guía internacional, es relevante para los trabajadores sociales en España, ya que ofrece una perspectiva global sobre los principios éticos que deben guiar la profesión, como la justicia social, los derechos humanos, la responsabilidad colectiva y el respeto a la diversidad.
Criterios Éticos Internacionales para los Trabajadores Sociales de Federación Internacional de Trabajadores Sociales	Estos criterios complementan la Declaración de Principios Éticos, proporcionando directrices más detalladas para la práctica profesional en un contexto global. Aunque no son obligatorios, ofrecen un valioso marco de referencia para enfrentar dilemas éticos en la práctica diaria.
Normativa sobre Protección de Datos y Confidencialidad	En el ejercicio del Trabajo Social, es crucial cumplir con las leyes y regulaciones sobre la protección de datos y la confidencialidad, como el Reglamento General de Protección de Datos (RGPD) de la UE, y la Ley Orgánica de Protección de Datos y Garantía de los Derechos Digitales (LOPDGDD).
Guías éticas y protocolos específicos ante la conducta suicida	Dependiendo del área de especialización, como intervención en crisis, violencia de género, protección de infancia y adolescencia, entre otros, existen guías y protocolos específicos. Estas guías son elaboradas por organizaciones profesionales, instituciones públicas y entidades académicas.

Los principios éticos del Trabajo Social, a menudo pueden entrar en conflicto cuando se trabaja con personas con conductas suicidas. El Trabajo Social debe equilibrar la responsabilidad hacia la comunidad y la autodeterminación de la persona, considerando también el impacto del suicidio sobre sus seres queridos. En casos de suicidio, hay varios principios éticos y profesionales que deben ser especialmente considerados por la disciplina para asegurar una intervención adecuada y respetuosa. Algunos de ellos son principios como el "empoderamiento", "participación" y "autodeterminación" siempre que sea posible. Mantener la confidencialidad de la información es fundamental, pero también debe equilibrarse con la necesidad de compartir información crítica para proteger la vida de la persona en riesgo.

Respetar el derecho de la persona a tomar sus propias decisiones es crucial, aunque de ser el caso puede ser necesario intervenir para proteger su vida, lo que requiere una evaluación cuidadosa de cuándo es apropiado establecer posibles límites de autonomía en beneficio de la seguridad. Evitar causar daño es un principio central, por lo que las intervenciones deben reducir el riesgo sin exacerbar la situación de la persona. Promover el bienestar implica proporcionar apoyo y acceso a recursos que puedan ayudar a la persona a superar la crisis y mejorar su situación general. Aunque se pueden producir internamientos involuntarios, que pueden llegar a ser necesarios en situaciones de alto riesgo, es fundamental que el Trabajo Social utilice herramientas de mediación y diálogo para facilitar la transición hacia tratamientos voluntarios. Todo ello, dado que estos tratamientos voluntarios suelen resultar en una mejor adherencia y respuesta al tratamiento.

El papel mediador y promotor del diálogo del Trabajo Social es esencial en la gestión de conflictos familiares derivados de la conducta suicida. A través del diálogo y la mediación, el Trabajo Social puede contribuir a reducir el estigma social asociado con estos comportamientos. Además, el enfoque comunitario del Trabajo Social puede ayudar a crear un entorno de apoyo y comprensión, facilitando la recuperación y el bienestar de las personas afectadas.

Asegurar que la persona recibe el mismo nivel de cuidado y recursos que cualquier otra en situación similar, sin discriminación, es vital, garantizando acceso a servicios necesarios independientemente de su situación económica, social, o cualquier otra condición. El Trabajo Social debe asumir la responsabilidad de sus decisiones y acciones, y trabajar en colaboración con otras profesionales y la red de apoyo de la persona para garantizar una respuesta coordinada y eficaz. Tratar a la persona en crisis con respeto y dignidad, reconociendo su valor intrínseco como ser humano, es fundamental. Además, ser transparente y trabajar desde la honestidad sobre los pasos a seguir, las limitaciones de la confidencialidad y las posibles intervenciones es clave para construir confianza y una relación de ayuda efectiva.

La confidencialidad y el secreto profesional en relación con la conducta suicida están respaldados por la Constitución Española, la Ley de Autonomía del Paciente, el Código Penal, el Código Deontológico, la Ley General de Sanidad y la Ley Orgánica de Protección de Datos. Toda persona tiene derecho a la confidencialidad de sus datos de salud y el personal sanitario debe guardar secreto profesional. Sin embargo, este secreto puede ser revelado sin consentimiento en ciertos casos: cuando se conoce la existencia de un delito, ante enfermedades infectocontagiosas con riesgo grave para terceras personas o la salud pública, cuando hay un riesgo inmediato grave para la integridad del paciente y no se puede obtener su autorización, y cuando el profesional está declarado como imputado, denunciado o acusado. Además, en informes a otros compañeros, se aplica el concepto de "secreto compartido".

Además de la gestión del riesgo, es esencial que el Trabajo Social participe activamente en el debate sobre los dilemas éticos que surgen en estas situaciones. El Código Deontológico refuerza la necesidad de encontrar un equilibrio entre el respeto por la autodeterminación del individuo y la obligación de proteger su vida. Este equilibrio requiere una comprensión profunda de los derechos humanos y la aplicación cuidadosa de principios éticos, asegurando que las decisiones se tomen de manera informada y justa.

Finalmente, el rol del Trabajo Social en la intervención en crisis suicidas se ha de extender más allá de la atención inmediata. Implica también la prevención a largo plazo y la promoción del bienestar mental. Esto incluye la responsabilidad en el desarrollo de programas y políticas que aborden los factores subyacentes que contribuyen al riesgo de suicidio, la coordinación con otros profesionales y la utilización de herramientas de intervención específicas, como la historia social y el informe social, para proporcionar una atención integral y continua. Así, el Trabajo Social se posiciona no solo como profesional interventor/a en crisis, sino como un agente de cambio que promueve la salud mental y la inclusión social.

Cabe destacar que, aunque los códigos deontológicos proporcionan una guía general, no siempre clarifican las responsabilidades en todas las situaciones, por lo que es esencial que desde el Trabajo Social se evalúe cuidadosamente cada caso. Sin embargo, como se ha comentado previamente, los grados de Trabajo Social ofrecen formación escasa en este campo, lo que genera una mayor dificultad para manejar situaciones de conducta suicida. Esta falta de formación pone en riesgo ético al Trabajo Social, ya que deben ejercer en áreas donde no tienen la capacitación adecuada. El personal técnico se puede ver obligado a intervenir en áreas donde no poseen la capacitación necesaria, lo que compromete tanto la calidad de la intervención como una comprensión profunda del problema, limitando su capacidad para ofrecer respuestas efectivas y responsables. Por ello, se estima crucial la educación continua en prevención e intervención de la conducta suicida puesto que es crucial para mejorar la comprensión y el manejo de estos casos complejos. Cabe finalmente indicar que, como parte de la responsabilidad del Trabajo Social, se han de desempeñar roles esenciales trabajando con familias y comunidades afectadas por el suicidio y abordando los factores que contribuyen a este. Esto incluye educar a la comunidad sobre el suicidio y reducir el estigma asociado.

RECURSOS DE APOYO SOCIAL Y BUENAS PRÁCTICAS ANTE LA CONDUCTA SUICIDA

En España, existen numerosas asociaciones, entidades y plataformas dedicadas a apoyar a familiares de personas que han fallecido por suicidio y a trabajar en la prevención del suicidio. A continuación, se destacan algunas de las más relevantes. Cabe mencionar el esfuerzo de la Asociación de Investigación, Prevención e Intervención del Suicidio y Familiares y Allegados en Duelo por Suicidio (REDAIPIS-FAEDS), que ha creado un directorio de entidades y asociaciones de duelo por suicidio en las distintas comunidades autónomas. Esta información puede consultarse en su página web, en el apartado "Asociaciones en duelo por suicidio" (https://www.redaipis.org/asociaciones-en-duelo-por-suicidio).

Tabla 10. Asociaciones, entidades y plataformas de apoyo ante la conducta suicida

Nombre	Descripción
AAPSP (Asociación A Preventiva del Suicidio Policial)	Asociación ubicada en Andalucía. Organización dedicada a la prevención del suicidio entre los/as miembros de las fuerzas de seguridad. Ofrece apoyo, recursos y acompañamiento a agentes y sus familias, promoviendo la salud mental y el bienestar dentro de este colectivo.
Abrazos Verdes	Con sede en Asturias. Trabaja para romper el silencio y tabúes sobre el suicidio, proporcionando apoyo mutuo a las personas en duelo.
ACPS (Asociación catalana para la prevención del suicidio)	Con sede en Cataluña, el objetivo de la asociación es reducir la mortalidad por suicidio mediante la concienciación social y el apoyo al entorno, utilizando la experiencia de quienes han vivido de cerca la conducta suicida.
AFASIB (Asociación de Familiares y Amigos Supervivientes por Suicidio de las Islas Baleares)	Fundada en 2018, ofrece apoyo emocional a los familiares en duelo y trabaja en la prevención del suicidio en la comunidad. Realizan actividades como grupos de ayuda mutua y talleres socioeducativos.
Aidatu	Con sede en el País Vasco, esta asociación ofrece apoyo a supervivientes y trabaja en la prevención del suicidio a través de formación, charlas y jornadas de sensibilización.
Alaia suicidio -Centro de atención al duelo	Con sede en Madrid, fundada en 1998. Alaia ofrece grupos de apoyo y acompañamiento en el duelo, proporcionando un espacio seguro para compartir experiencias y emociones.
Ángeles de Azul y Verde	Proyecto dirigido a profesionales de la Policía Nacional y la Guardia Civil, que ofrece apoyo psicológico y emocional para prevenir el suicidio dentro de estos cuerpos de seguridad.
Asociación andaluza de supervivientes por suicidio de un ser querido	Asociación ubicada en Andalucía. Esta asociación ofrece acompañamiento emocional, asesoramiento y espacios para compartir experiencias, ayudando a las personas afectadas a afrontar el duelo y promover la sensibilización social sobre el suicidio.

Nombre	Descripción
Asociación Alhelí	Con sede en Málaga. Proporciona acompañamiento durante el proceso de duelo de forma gratuita y sostenida en el tiempo para todas las personas en duelo.
Asociación Caminar	Con sede en Valencia. Proporciona un grupo de apoyo específico para las pérdidas por suicidio, ofreciendo un espacio seguro para hablar de la experiencia y facilitar herramientas que ayuden a personas supervivientes a integrar lo vivido.
APSAS - Asociación para la prevención del suicidio y la atención del superviviente	Situada en Cataluña. Trabaja en concienciación, prevención y apoyo a las personas afectadas por el suicidio de un ser querido, organizando campañas y eventos para visibilizar y combatir el estigma asociado al suicidio.
APSU (Asociación para la prevención y apoyo afectados/as por suicidio)	Ubicada en Valencia. La asociación Ofrece recursos, acompañamiento emocional y actividades de sensibilización para ayudar tanto a quienes atraviesan situaciones de riesgo como a sus familiares y personas allegadas.
Besarkada-Abrazo	Con sede en País Vasco. Esta asociación ofrece apoyo a personas afectadas por el suicidio de un ser querido, creando un espacio de comprensión y respeto para ayudar en el proceso de duelo.
Biziraun	También ubicada en en el País Vasco, Biziraun proporciona un espacio de confianza y apoyo para personas afectadas por el suicidio de un ser querido. Organizan grupos de ayuda mutua y colaboran con profesionales de la salud para sensibilizar sobre este problema.
DSAS (Després del Suïcidi — Associació de Supervivents)	Esta organización de Cataluña proporciona un espacio de acompañamiento y soporte para supervivientes de suicidio, ayudando a romper el estigma y promoviendo la concienciación sobre el tema.
DSMA (Dol per Suïcidi Associació Mans Amigues)	Asociación ubicada en Cataluña. Facilita acompañamiento emocional, grupos de ayuda y recursos para afrontar el duelo, promoviendo la empatía y la concienciación sobre el impacto del suicidio en las familias.
FSPS (Fundación Española para la Prevención del Suicidio)	Esta fundación se dedica a la sensibilización, formación de profesionales y desarrollo de herramientas de prevención. También ofrece ayuda a la posvención mediante su programa "Prevensuic".

Nombre	Descripción
La Niña Amarilla	Con sede en Valencia. Esta asociación trabaja en la prevención del suicidio a través de la comunicación responsable y el apoyo a quienes han perdido a un ser querido. Además, han elaborado guías como "En mis zapatos" para el tratamiento del suicidio en los medios de comunicación, buscando fomentar la empatía y desmitificar este fenómeno.
Life! Prevención del Suicidio en las Redes Sociales	Grupo situado en Alicante. Life busca detectar tendencias suicidas en las redes sociales.
Papageno	Con sede en Madrid es la asociación de profesionales en prevención y posvención del suicidio. Ofrece grupos de apoyo para supervivientes, formación a profesionales y participa en proyectos de investigación relacionados con la prevención del suicidio.
Predepol-zero suicidio policial	Programa de prevención del suicidio dirigido a los miembros de las fuerzas y cuerpos de seguridad en España.
RedAIPIS-FAeDS	Cuenta con sede en Madrid. La Asociación de Investigación, Prevención e Intervención del Suicidio y Familiares y Allegados en Duelo por Suicidio ofrece apoyo emocional y psicológico a los familiares, además de trabajar en la prevención del suicidio y la intervención en crisis.
StopSuicidios	Esta plataforma busca establecer un plan nacional de prevención del suicidio mediante la presión social. Organizan campañas de sensibilización y abogan por más recursos y formación en prevención del suicidio.
Vive CNP	Cuenta con sedes en Galicia, Canarias y Baleares. La iniciativa busca evitar conductas suicidas entre agentes de Policía Nacional.

Las entidades referidas previamente ofrecen una red de apoyo integral para las personas afectadas por el suicidio, proporcionando recursos y programas de sensibilización, prevención y posvención. Algunas, como la asociación Balear AFASIB, buscan dar respuesta desde el ámbito social y comunitario, contando con un equipo interdisciplinar compuesto por una psicóloga, una integradora y una trabajadora social. Sus acciones incluyen actividades de sensibilización para la población general, así como iniciativas dirigidas a grupos en situación de vulnerabilidad y a los entornos familiares y sociales de personas en riesgo o que han perdido a un ser querido.

Entre estas actividades se encuentran acompañamientos individuales, formaciones, talleres, charlas y grupos de ayuda mutua.

ACCIONES Y BUENAS PRÁCTICAS

A continuación, se presentan algunas prácticas concretas que pretenden servir de referencia para el Trabajo Social en el abordaje y la atención a la conducta suicida. Estas prácticas no solo buscan ofrecer un apoyo directo a las personas en riesgo y a sus familias, sino también proporcionar herramientas y estrategias a profesionales del Trabajo Social para una intervención efectiva. Se incluye la creación de redes de apoyo comunitarias, la implementación de programas de formación y sensibilización sobre el suicidio, el desarrollo de protocolos de actuación en situaciones en el ámbito educativo y la promoción del autocuidado entre los profesionales para asegurar una atención de calidad. Estas prácticas también pretenden fomentar la colaboración interdisciplinaria y la utilización de enfoques basados en la evidencia para mejorar continuamente la respuesta frente a la conducta suicida.

Programas y acciones de salud y comunitarios

LivingWorks ASIST (Applied Suicide Intervention Skills Training) es un programa intensivo de formación desarrollado en Canadá, que capacita a las personas participantes para intervenir y prevenir el suicidio de manera efectiva. Enseña a identificar señales de alerta de suicidio, establece un modelo de intervención estructurado y fomenta la creación de planes de seguridad personalizados. Las personas participantes practican habilidades a través de ejercicios interactivos, simulaciones y role-playings, incrementando su confianza para actuar en situaciones reales. El programa *ASIST* también trabaja en la reducción del estigma asociado al suicidio y está abierto a cualquier persona interesada, incluyendo profesionales de la salud, educadores y miembros de la comunidad. Este programa ha sido implementado en más de 30 países, demostrando su eficacia en diversos contextos y culturas, y es reconocido por mejorar significativamente la capacidad de intervención de sus participantes.

El programa ***Zero Suicide*** ha sido desarrollado en Estados Unidos. Se trata de una iniciativa de salud pública que busca prevenir el suicidio mediante un enfoque sistemático y basado en la evidencia dentro de los sistemas de atención de salud. Su objetivo es reducir las tasas de suicidio mediante la creación de una cultura organizacional comprometida, la implementación de procedimientos de detección y evaluación para identificar a personas en riesgo, la provisión de tratamientos basados en la evidencia, la capacitación continua del personal y el establecimiento de sistemas de seguimiento y mejora continua de la calidad. El programa ha sido adoptado en varios países, incluyendo Reino Unido y Australia. Si atendemos a la evidencia sobre su eficacia, Zero Suicide ha demostrado ser eficaz en la reducción de suicidios en entornos de salud.

The Trevor Project se focaliza en la prevención del suicidio entre jóvenes LGBTIQ+. Se fundó en 1998 en los Estados Unidos y ofrece una línea de crisis 24/7, servicios de chat y mensaje de texto y programas de intervención que proporcionan apoyo inmediato y confidencial. Además, *The Trevor Project* promueve la educación y la sensibilización sobre temas de salud mental y prevención del suicidio, trabajando para reducir el estigma y fomentar un entorno inclusivo y seguro para los jóvenes LGBTIQ+.

Gatekeepers, es una iniciativa que consiste en ser una persona clave dentro de la comunidad, porque ha recibido capacitación especial para identificar los factores de riesgo del suicidio. A ella acceden personas de diferente perfil, tales como educadores/as, trabajadores/as sociales, voluntarios/as, enfermeros/as o sacerdotes, que han recibido esa formación previa. Estos *gatekeepers* adquieren conocimientos básicos sobre las señales de alerta y cómo intervenir de manera efectiva para derivar a las personas en riesgo a los servicios adecuados. Su integración comunitaria y formación les permite actuar como un primer punto de contacto crucial para la prevención del suicidio, ofreciendo apoyo y conectando a las personas con los recursos necesarios.

El programa ***Prevensuic. Hablar es prevenir*** de la Fundación Española para la Prevención del Suicidio tiene como objetivo reducir la ideación, los intentos y las muertes por suicidio, además de apoyar a los supervivientes en su duelo. Dirigido a la población general, profesionales e instituciones de diversos sectores, personas en riesgo y personas allegadas. El programa se enfoca en cuatro ejes de actuación: 1) divulgación, sensibilización y concienciación; 2) Formación de profesionales; 3) Desarrollo de herramientas para la prevención; y 4) Ayuda para la posvención. La Fundación cuenta con el Observatorio del Suicidio en España y ofrece guías para profesionales sanitarios y medios de comunicación; formación mediante cursos para profesionales de la salud, educación y servicios sociales; y un máster universitario en colaboración con la Universidad Pablo de Olavide. En lo que se refiere a la prevención han desarrollado herramientas como la app "Prevensuic", en colaboración con gobiernos autonómicos. De igual manera ofrecen recursos de posvención, mediante intervenciones y recursos para supervivientes de suicidio, así como publicando guías y cursos sobre el duelo por suicidio.

El programa ***(des)Integrades*** de 3 Salut Mental y Afasib tiene como finalidad prevenir la conducta suicida desde una perspectiva sociocomunitaria en las Islas Baleares. Este programa ofrece apoyo integral a las personas afectadas por el suicidio, proporcionando recursos y espacios grupales de reflexión y psicoeducación para familiares, amigos y profesionales que conviven con alguien que tiene pensamientos suicidas o haya realizado intentos previos. Estos espacios permiten compartir sin juicios, expresar dudas y preocupaciones, así como recibir información profesional. Además, buscan romper mitos y estigmas asociados al suicidio y fomentar el autocuidado para mejorar el acompañamiento a las personas en riesgo.

Programas y acciones en el entorno educativo

El proyecto ***"Saving and Empowering Young Lives in Europe (SEYLE)"*** es una iniciativa europea destinada a promover la salud mental y prevenir el suicidio en la adolescencia. El proyecto ha sido financiado por la Comisión Europea, SEYLE se implementa en varios países europeos y se centra en la intervención escolar para identificar y abordar problemas de salud mental entre la juventud. El programa incluye la capacitación de personal escolar, la implementación de talleres y actividades educativas para los estudiantes y la promoción de estrategias de empoderamiento y resiliencia. El proyecto busca crear entornos escolares más seguros y apoyar a la adolescencia en el desarrollo de habilidades para la vida que les permitan manejar mejor el estrés y las dificultades emocionales.

El programa ***YAM (Youth Aware of Mental Health)*** es una intervención escolar destinada a mejorar la salud mental y prevenir el suicidio entre la adolescencia. El programa YAM fue desarrollado en Suecia, específicamente como parte del proyecto SEYLE. Consiste en un conjunto de sesiones interactivas que se imparten a lo largo de cinco semanas, enfocadas en aumentar la conciencia sobre la salud mental, enseñar habilidades para la vida y fomentar la búsqueda de ayuda en situaciones de crisis. YAM utiliza actividades prácticas, discusiones en grupo y ejercicios de role-playing para ayudar a las personas jóvenes a identificar y manejar sus emociones, reconocer signos de angustia sobre ellas mismas y en los demás y fortalecer sus redes de apoyo social. Este programa ha demostrado ser efectivo en la reducción de la ideación suicida y la depresión entre la adolescencia.

El programa ***Question, Persuade, and Refer (QPR)*** es una formación destinada a capacitar a personas para reconocer las señales de advertencia de suicidio y responder adecuadamente. Consiste en tres pasos clave: *Question* (Preguntar), que implica aprender cómo preguntar a alguien si está considerando el suicidio de manera directa y no confrontativa; *Persuade* (Persuadir), que se centra en convencer a la persona en riesgo para que acepte ayuda; y *Refer* (Referir), que involucra dirigir a la persona a recursos profesionales para recibir la asistencia necesaria. El objetivo de *QPR* es equipar a más personas con habilidades básicas para intervenir y prevenir posibles suicidios, actuando como "guardavidas" en sus comunidades. Este se trata de un ejemplo de programa *Gatekeeper* ampliamente extendido. Los programas *Gatekeeper* para la prevención del suicidio se centra en capacitar a personas en una comunidad (denominados "porteros" o "gatekeepers") para reconocer las señales de advertencia de suicidio, intervenir de manera adecuada y derivar a la persona en riesgo a los recursos de ayuda correspondientes. Generalmente el entrenamiento de *gatekeepers* se refiere a una medida intermedia entre la formación de profesionales sanitarios y la educación general. Estas personas, integrados en la comunidad, reciben capacitación para identificar factores de riesgo y actuar en casos de personas con riesgo suicida.

El programa ***Signs of Suicide (SOS)*** es una intervención escolar diseñada para educar a los estudiantes sobre la depresión y la prevención del suicidio. Combina la educación sobre la salud mental con una acción preventiva, utilizando un enfoque que enseña al alumnado a reconocer los signos de depresión y suicidio sobre sí mismos y en los demás. El programa promueve el método *ACT (Acknowledge, Care, Tell),* que instruye al alumnado a reconocer síntomas en sí mismos o en compañeros/as (*Acknowledge*), mostrar preocupación y apoyo (*Care*) y comunicar sus preocupaciones a un adulto confiable (*Tell*). Desarrollado en Estados Unidos, *SOS* se ha implementado ampliamente y ha demostrado ser efectivo en la reducción de intentos de suicidio y en la mejora de las actitudes hacia la búsqueda de ayuda.

El programa ***Sources of Strength (SOS)*** es una intervención escolar diseñada para prevenir el suicidio y promover la salud mental positiva entre los jóvenes. Este programa se centra en identificar y fortalecer factores protectores y habilidades de resiliencia en estudiantes. Utiliza un enfoque basado en la red de apoyo, involucrando a los jóvenes como "agentes de cambio" que difunden mensajes positivos y estrategias de afrontamiento saludables entre sus pares. Los objetivos principales del programa incluyen mejorar la comunicación, fomentar conexiones positivas con adultos de confianza y construir una comunidad escolar más inclusiva y solidaria. Desarrollado en Estados Unidos, *Sources of Strength* ha demostrado ser efectivo en la reducción de la angustia psicológica y la mejora del bienestar general de los estudiantes.

El programa ***PositivaMente*** tiene como objetivo la prevención universal de la conducta suicida en jóvenes de 14 a 16 años en contextos educativos. Este programa, desarrollado en España, busca mejorar el conocimiento y las actitudes hacia la salud mental, desarrollar competencias socioemocionales, promover la búsqueda de ayuda, reducir el estigma asociado a los problemas de salud mental y gestionar situaciones de crisis en la adolescencia. Concretamente consiste en 11 sesiones presenciales de 45 minutos cada una, combinadas con trabajo individual y está estructurado en cuatro módulos: sensibilización, factores de riesgo y protectores, gestión del estrés y crisis, y pensamiento y emoción. El programa incorpora elementos de programas como *QPR, YAM* y *SOS*. Además, PositivaMente utiliza metodologías participativas y diversas técnicas para fomentar el bienestar mental y emocional del alumnado.

Otros recursos de apoyo

La app ***EMMA*** es una herramienta digital desarrollada para la gestión, prevención y predicción de comportamientos suicidas. Este programa fue creado como parte del estudio EMMA, un ensayo longitudinal y de intervención llevado a cabo en Francia en colaboración con cuatro hospitales universitarios. La app *EMMA* está diseñada para ser utilizada como una herramienta de autoayuda en la gestión de crisis suicidas, invitando a pacientes a identificar señales de alerta, estrategias de afrontamiento, actividades de distracción y redes de apoyo social. La app incluye módulos para contactar a familiares, profesionales de la salud y servicios de emergencia en caso de necesidad. Utiliza evaluaciones momentáneas ecológicas para monitorear el estado emocional del usuario a diario y proporciona intervenciones momentáneas ecológicas (EMI) adaptadas según las respuestas de la persona usuaria. La información que se recoge es segura, anónima y encriptada y se utiliza para desarrollar algoritmos que predigan el riesgo de conducta suicida. La app fue desarrollada siguiendo un enfoque participativo que incluyó la retroalimentación de pacientes y profesionales para asegurar su relevancia y efectividad.

En España, el ***chat de la línea 024*** es un servicio confidencial y disponible 24/7 que ofrece apoyo emocional y prevención del suicidio. El chat proporciona asistencia inmediata a personas en crisis o con pensamientos suicidas, así como a sus familiares y personas allegadas. Además de brindar apoyo emocional, el personal puede evaluar el nivel de riesgo y derivar a servicios de emergencia o recursos adicionales de salud mental. Este servicio garantiza la privacidad de las conversaciones y ofrece una opción accesible para quienes prefieren comunicarse por escrito en lugar de hacerlo por teléfono.

Estas medidas subrayan la importancia de utilizar herramientas digitales y plataformas en línea para la prevención y seguimiento del suicidio, adaptándose a las nuevas tecnologías para mejorar la efectividad y el alcance de las intervenciones preventivas.

BIBLIOGRAFÍA

Alfonso-Sánchez, J. L., Martin-Moreno, J. M., Martinez, I. M., y Martinez, A. A. (2019). Epidemiological Study and Cost Analysis of Suicide in Spain: Over 100 Years of Evolution. *Archives of Suicide Research, 24*(sup2), S356–S369. https://doi.org/10.1080/13811118.2019.1612802

Almeida J., O'Brien K., Norton K. (2017). Social work's ethical responsibility to train MSW students to work with suicidal clients. *Social Work, 62*(2), 181–3. https://doi.org/10.1093/sw/swx011

Andriessen, K., Krysinska, K., Kõlves, K., y Reavley, N. (2019). Suicide postvention service models and guidelines 2014–2019: A systematic review. *Frontiers in psychology, 10*, 2677. https://doi.org/10.3389/fpsyg.2019.02677

Andriessen, K., y Krysinska, K. (2012). Essential questions on suicide bereavement and postvention. *International journal of environmental research and public health, 9*(1), 24-32. https://doi.org/10.3390/ijerph9010024

Baril, A. (2020). Suicidism: A new theoretical framework to conceptualize suicide from an anti-oppressive perspective. *Disability Studies Quarterly, 40*(3). https://doi.org/10.18061/dsq.v40i3.7053

Bartone, P. T., Bartone, J. V., Violanti, J. M., y Gileno, Z. M. (2019). Peer support services for bereaved survivors: a systematic review. *OMEGA-Journal of Death and Dying, 80*(1), 137-166. https://doi.org/10.1177/003022281772820

Brown, G. K., Beck, A. T., Steer, R. A., y Grisham, J. R. (2000). Risk factors for suicide in psychiatric outpatients: a 20-year prospective study. *Journal of consulting and clinical psychology*, *68*(3), 371.

Cacciatore, J., Carlson, B., Michaelis, E., Klimek, B., y Steffan, S. (2011). Crisis intervention by social workers in fire departments: An innovative role for social workers. *Social Work*, *56*(1), 81-88. https://doi.org/10.1093/sw/56.1.81

Confederación Salud Mental España. (2021). *Informe sobre el estado de los derechos humanos en salud mental 2020.*

Consejo General del Trabajo Social. (2012). *Código Deontológico de Trabajo Social.*

Cramer, R. J., y Kapusta, N. D. (2017). A social-ecological framework of theory, assessment, and prevention of suicide. *Frontiers in Psychology, 8*, 1-10. https://doi.org/10.3389/fpsyg.2017.01756

Díaz-Oliván, I., Porras-Segovia, A., Barrigón, M. L., Jiménez-Muñoz, L., y Baca-Garcia, E. (2021). Theoretical models of suicidal behaviour: A systematic review and narrative synthesis. *The European Journal of Psychiatry*, *35*(3), 181-192.

Díez-Gómez, A., Sebastián-Enesco, C., Pérez-Albéniz, A. et al. The PositivaMente Program: Universal Prevention of Suicidal Behaviour in Educational Settings. *School Mental Health 16,* 455–466 (2024). https://doi.org/10.1007/s12310-024-09650-0 https://doi.org/10.1016/j.ejpsy.2021.02.002

Dirección General de Salud Pública. (2022). *Plan de acción de Salud Mental 2022-2024.*

Dlugacz, Y. D., Restifo, A., Scanlon, K. A., Nelson, K., Fried, A. M., Hirsch, B., ... y Greenwood, A. (2003). Safety strategies to prevent suicide in multiple health care environments. *The Joint Commission Journal on Quality and Safety*, *29*(6), 267-278. https://doi.org/10.1016/S1549-3741(03)29031-6

Fanjul-Peyró, C., y González-Oñate, C. (2020). Campañas institucionales para la prevención del suicidio en España. Análisis del cambio estratégico en su comunicación social: caso Comunidad Valenciana. *Revista Mediterránea de Comunicación*, *11*(2), 261-276. https://doi.org/10.14198/MEDCOM2020.11.2.9

Flannery, R. B., y Everly, G. S. (2000). Crisis intervention: A review. *International Journal of emergency mental health*, *2*(2), 119-126.

Fundación ANAR. (2022). *Estudio de la fundación ANAR. Conducta suicida y salud mental en la infancia y la adolescencia en españa (2012-2022), según su propio testimonio.*

García-Ormaza, J., Gabilondo, A., Jara, A. B. y Muela, A. (2022). *Estrategia de prevención, intervención y posvención de la conducta suicida en el ámbito educativo.* Gobierno Vasco.

Ghelani, A. (2022). Knowledge and skills for social workers on mobile crisis intervention teams. *Clinical Social Work Journal*, *50*(4), 414-425. https://doi.org/10.1007/s10615-021-00823-x

Gijzen, M. W., Rasing, S. P., Creemers, D. H., Engels, R. C., y Smit, F. (2022). Effectiveness of school-based preventive programs in suicidal thoughts and behaviors: A meta-analysis. *Journal of affective disorders, 298,* 408-420. https://doi.org/10.1016/j.jad.2021.10.062

Gorse, M. (2022). Risk and protective factors to LGBTIQ+youth suicide: A review of the literature. *Child and Adolescent Social Work Journal*, *39*(1), 17-28. https://doi.org/10.1007/s10560-020-00710-3

Grant, C. L., y Lusk, J. L. (2015). A multidisciplinary approach to therapeutic risk management of the suicidal patient. *Journal of multidisciplinary healthcare*, *8*, 291-298. https://doi.org/10.2147/JMDH.S50529

Grunbaum, S., y Rodríguez, C. (2022). *Posvención por suicidio con adolescentes.* Administración de los Servicios de Salud del Estado y Fondo de las Naciones Unidas para la Infancia.

Gutierrez-Barroso, J., Barragán-Medero, F., y Pérez-Jorge, D. (2018). Suicide in Europe Countries: a multivariate approach analysis. *Global Journal of Health Science*, *10*(4), 12- https://doi.org/21. 10.5539/gjhs.v10n4p12

Honeycutt, A., y Praetorius, R. T. (2016). Survivors of Suicide: Who They Are and How Do They Heal? *Illness, Crisis & Loss, 24*(2), 103-118. https://doi.org/10.1177/1054137315587646

Inostroza, C., Rubio-Ramirez, F., Bustos, C., Quijada, Y., Fernández, D., Bühring, V., ... y Araya, M. P. (2024). Peer-support groups for suicide loss survivors: A systematic review. *Social Work with Groups*, *47*(3), 234-250. https://doi.org/10.1080/01609513.2023.2249053

Joe, S., y Niedermeier, D. (2008). Preventing suicide: A neglected social work research agenda. *British journal of social work*, *38*(3), 507-530. https://doi.org/10.1093/bjsw/bcl353

Kourgiantakis, T., Sewell, K. M., McNeil, S., Lee, E., Logan, J., Kuehl, D., … Kirvan, A. (2020). Social Work Education and Training in Mental Health, Addictions, and Suicide: A Scoping Review. *Journal of Social Work Education*, *58*(1), 123–148. https://doi.org/10.1080/10437797.2020.1773363

Ley 14/1986, de 25 de abril, General de Sanidad. (1986). *BOE, 102,* de 29 de abril. https://www.boe.es/buscar/act.php?id=BOE-A-1986-10499

Ley 41/2002, de 14 de noviembre, básica reguladora de la autonomía del paciente y de derechos y obligaciones en materia de información y documentación clínica. (2002). *BOE, 274,* de 15 de noviembre. https://www.boe.es/buscar/act.php?id=BOE-A-2002-22188

Ley 6/2023, de 22 de marzo, de las personas con problemas de salud mental y sus familias. (2023). *BOE, 96,* de 22 de abril. https://www.boe.es/diario_boe/txt.php?id=BOE-A-2023-9773

Ley Orgánica 3/2018, de 5 de diciembre, de Protección de Datos Personales y garantía de los derechos digitales. (2018). *BOE, 294,* 6 de diciembre. https://www.boe.es/buscar/doc.php?id=BOE-A-2018-16673

Ley Orgánica 3/2021, de 24 de marzo, de regulación de la eutanasia. (2021). BOE, 72, de 25 de marzo. https://www.boe.es/buscar/doc.php?id=BOE-A-2021-4628

Ley Orgánica 8/2021, de 4 de junio, de protección integral a la infancia y la adolescencia frente a la violencia. (2021). *BOE, 134,* de 5 de junio. https://www.boe.es/diario_boe/txt.php?id=BOE-A-2021-9347

Lima, A.I.,González-Rodríguez, R. (2017) .La Intervención Social en el final de la vida. *Servicios Sociales y Política Social, 34*(114), 11-18.

López-Vega, D.J, de Quesada, M., Morell, M. F., Martínez-Vallier, C., Córdoba-Santos, G., Tornero, D., Sánchez-Alegre, SerraOlives, N. (2022). *En mis zapatos. Guía de recomendaciones para comunicar sobre el suicidio*. Papageno, La Niña Amarilla y AFASIB

Maple, M., Pearce, T., Sanford, R. L., y Cerel, J. (2016). The Role of Social Work in Suicide Prevention, Intervention, and Postvention: A Scoping

Review. *Australian Social Work, 70*(3), 289–301. https://doi.org/10.1080/0312407X.2016.1213871

Ministerio de Salud de la Nación de Argentina. (2021). *Abordaje integral del suicidio en las adolescencias : lineamientos para equipos de salud.* UNICEF.

Mirick, R. G. (2022). Are Social Work Students Being Adequately Prepared to Intervene With Suicide?: Results of a National Survey of BSW and MSW Programs. *Advances in Social Work, 22*(3), 993-1005. https://doi.org/10.18060/25991

Mirick, R. G. (2024). Social work practice instructors' preparedness and readiness to teach suicide content. *Social Work Education, 43*(1), 224-240. https://doi.org/10.1080/02615479.2022.2102162

Morgiève, M., Genty, C., Azé, J., Dubois, J., Leboyer, M., Vaiva, G., ... y Courtet, P. (2020). A digital companion, the emma app, for ecological momentary assessment and prevention of suicide: quantitative case series study. *JMIR mHealth and uHealth, 8*(10), https://doi.org/e15741.10.2196/15741

Navío-Acosta, M., y Pérez-Sola, V. Depresión y Suicidio. (2020). *Documento estratégico para la promoción de la salud mental.* Wecare-u

Ngwena, J., Hosany, Z., y Sibindi, I. (2017). Suicide: a concept analysis. *Journal of Public Health, 25*, 123-134. https://doi.org/10.1007/s10389-016-0768-x

Observatorio Español de las Drogas y las Adicciones. (2024). *Monografía sobre alcohol 2024. Consumo y consecuencias.* Ministerio de Sanidad.

OMS. (2018). *National suicide prevention strategies: progress, examples and indicators.* https://www.who.int/publications/i/item/national-suicide-prevention-strategies-progress-examples-and-indicators

OMS. (2021). *Suicidio.* https://www.who.int/es/news-room/fact-sheets/detail/suicide

Osteen, P. J., Jacobson, J. M., y Sharpe, T. L. (2014). Suicide prevention in social work education: how prepared are social work students? *Journal of Social Work Education, 50*(2), 349-364. https://doi.org/10.1080/10437797.2014.885272

Prades-Caballero, V., Navarro-Pérez, J. J., y Carbonell, Á. (2024). La prevención, intervención y posvención de la conducta suicida: Una mirada desde el Trabajo Social. *Cuadernos de trabajo social, 37*(1), 127-146. https://doi.org/10.5209/cuts.92021

Reglamento General de Protección de Datos 2016/679, de 27 de abril. (2016). *Diario Oficial de la Unión Europea, L 119,* de 4 mayo. http://www.agpd.es/portalwebAGPD/canaldocumentacion/legislacion/union_europea/reglamentos/index-ides-idphp.php

Reina-Aguilar, P., Díaz-Jiménez, R. M., y Caravaca-Sánchez, F. (2023). Suicide risk among university students in Spain: Implications for social work. *Social work, 68*(4), 299-306. https://doi.org/10.1093/sw/swad025

Ruiz, A.C. (2020). El duelo desde el Trabajo Social. Experiencia de intervención social con grupos. *Documentos de trabajo social: Revista de trabajo y acción social, 63*, 29-42.

Sánchez-Serrano, J.I., Mora, M.M. y Vallejo, A. (2016). Suicidio y Trabajo Social. *International Journal of Educational Research and Innovation (IJERI), 6*, 46-57.

Sánchez-Teruel, D., Robles-Bello, M. A., Sarhani-Robles, A., y Sarhani-Robles, M. (2022). Adaptation of the Suicide Attempt Resilience Scale (SRSA-18, Spanish version) for adolescents. *BJPsych open, 8*(6), e193. https://doi.org/10.1192/bjo.2022.601

Sanders, S., Jacobson, J. M., y Ting, L. (2008). Preparing for the inevitable: Training social workers to cope with client suicide. *Journal of Teaching in Social Work, 28*(1-2), 1-18. https://doi.org/10.1080/08841230802178821

Scheyett, A. (2020). Suicide prevention: clinic, community, classroom. *Social work, 65*(2), 101-103. https://doi.org/10.1093/sw/swaa003

Smalley, N., Scourfield, J., y Greenland, K. (2005). Young People, Gender and Suicide: A Review of Research on the Social Context. *Journal of Social Work, 5*(2), 133-154. https://doi.org/10.1177/1468017305054953

Solano, P., Pizzorno, E., Pompili, M., Serafini, G., y Amore, M. (2018). Conceptualizations of suicide through time and socio-economic factors: A historical mini-review. *Irish Journal of Psychological Medicine, 35*(1), 75-86. https://doi.org/10.1017/ipm.2017.57

Stack, S. (2021). Contributing factors to suicide: Political, social, cultural and economic. *Preventive medicine, 152,* 106498. https://doi.org/10.1016/j.ypmed.2021.106498

Turecki, G., Brent, D. A., Gunnell, D., O'Connor, R. C., Oquendo, M. A., Pirkis, J., y Stanley, B. H. (2019). Suicide and suicide risk. *Nature reviews Disease primers*, *5*(1), 74. https://doi.org/10.1038/s41572-019-0121-0

Turecki, G., y Brent, D. A. (2016). Suicide and suicidal behaviour. *The Lancet, 387*(10024), 1227-1239. https://doi.org/10.1016/S0140-6736(15)00234-2

White, J. (2017). What can critical suicidology do? *Death Studies, 41*(8), 472-480. https://doi.org/10.1080/07481187.2017.1332901

Yoshimasu, K., Kiyohara, C., Miyashita, K., y Stress Research Group of the Japanese Society for Hygiene. (2008). Suicidal risk factors and completed suicide: meta-analyses based on psychological autopsy studies. *Environmental health and preventive medicine*, *13*, 243-256. https://doi.org/10.1007/s12199-008-0037-x